LA TRIBULACIÓN
Y EL LAPACHERO

LA TRIBULACIÓN Y EL LAPACHERO

OLGA SANTANA

Número de Control de la Biblioteca del Congreso
de EE. UU.:   2011915225
ISBN: Tapa Blanda   978-1-4633-0529-1
             Libro Electrónico   978-1-4633-0528-4

Este Libro fue impreso en los Estados Unidos de América.

Para pedidos de copias adicionales de este libro,
por favor contacte con:
Palibrio
1663 Liberty Drive, Suite 200
Bloomington, IN 47403
Llamadas desde los EE.UU. 877.407.5847
Llamadas internacionales +1.812.671.9757
Fax: +1.812.355.1576
ventas@palibrio.com
346510

Querido lector:

Si compraste este libro,
Te lo agradezco.
Si lo pediste prestado,
Te comprendo.
En medio de esta crisis,
¡Debes estar bien jodido!

Te confieso, que de política,
No sé un divino,
Tampoco estudié literatura,
Me gustan las cosas pícaras
Pueblerinas y triviales
Pero ni puta idea tengo, de la sintaxis
Y las reglas gramaticales.

Espero no te ofendas,
Pues mi modo de hablar
No es nada fino.
Quisiera hablar en lenguas,
Como hacen los políticos,
Pero siempre se me escapa
El vocabulario florido.

Te doy mis excusas,
Porque en nada soy experta,
Pero ojalá te pueda sacar una sonrisa,
Pues esa es mi intención,
En este estilo peculiar,
Para los que al igual que yo,
Padecemos de epilepsia
En la comunicación.

El 2009, fue uno de los años más terribles para el país. El "tsunami azul" había arropado a la pequeña isla 100x35, a finales del 2008. Luego, de que el "Alacrán Rojo", de la saliente administración de Don Aníbal nos picó ¡bien duro!

Después de los primeros meses, cuando había pasado la borrachera de la campaña política y la cohoba de la toma de posesión del nuevo gobierno, comenzaron a sentirse los efectos de tantos desmadres históricos juntos: olas de desempleo, violencia, quiebras, protestas civiles.

Un hombre fue arrestado por arrojarle un huevo a la cabeza del gobernador en una presentación pública. Algunos criticaron este hecho y pidieron una condena de 20 años para el individuo, solo por haberle fallado la puntería. Mientras que otros proclamaron ese día, como el "día Nacional del Huevo".

La noticia del huevazo corrió como la pólvora por todo el pueblo, y como nunca puede faltar la imitación en la isla, de algún acontecimiento en la gran Nación, este suceso, fue el equivalente al zapatazo que le arrojaron al presidente Bush. El texto del mensaje que corría de celular en celular decía:

> "Tomó ocho años, arrojarle un zapato a Bush,
> y solo nueve meses un huevazo a Fortuño",
> "Puerto Rico lo hace mejor" . . . .

Al parecer el desencanto con la administración de gobierno de turno, hizo que mucha gente se bajara de la "guagua de Fortuño". Así era como se denominaba a la avanzada de la campaña publicitaria del también conocido como "Tsunami Azul" y el noveno gobernador puertorriqueño, electo por el pueblo.

El jefe de redacción del diario, donde hacia mis primeras letras, terminó la reunión de aquel día, encomendándonos a los redactores, buscar historias diferentes y positivas.

Ese día me enteré de una fiesta que ofrecía el alcalde de mi pueblo, a los ancianos de un Centro de Envejecientes. Decidí darme una vuelta por el lugar a ver lo que conseguía.

Allí conocí a Inocencia, alias Chencha o "Tipa Común", una doñita que trabajaba de voluntaria y también a sus amigos de la "edad dorada". Un grupo de ancianos, liderados por Chencha, que parecían salidos de la película "Cocoon". Descubrí que el pasatiempo favorito de todos estos viejitos, era "meárseles encima" a las malas noticias, que a diario escuchaban en el país. De ahí surgió la idea de escribir este libro.

-Uno-

Al parecer, no nos basta con la crisis social y económica en la cual vivimos. Todo lo que sucede en la nación, se refleja en la isla. Sumergidos como estamos en la economía estadounidense, por nuestra centenaria relación con ese país. Con el agravante, según explican los expertos, de que si la economía de los Estados Unidos sufre una gripe, a la nuestra le da una pulmonía. En estos momentos, y refiriéndonos a la situación financiera, la isla es como un paciente que se encuentra en cuidado intensivo y entubado.

Sumado a las desalentadoras noticias, sobre el diagnostico de nuestro estado financiero, por todos lados, se está escuchando hablar del fin del mundo. Nos han atosigado, en estos días de toda clase de libros y de películas, que auguran un final catastrófico para el planeta.

Según estos "filmes", el mundo se acabará debido a un cambio climático, una guerra nuclear, una terrible epidemia, el impacto de un asteroide o hasta por la invasión de seres extraterrestres. (Que por cierto, el país, ya cuenta hasta con un ovni-puerto en el misterioso pueblito de Lajas).

Últimamente, Chencha había estado viendo todas esas películas. Esto, unido a su costumbre de andar con los periódicos, para arriba y para abajo, y de estar escuchando los programas más candentes de análisis noticioso: como la "Bola de Pegao" o la"Pelota de Fango", la llevó a que le diera "un soponcio", como el que le dio, casi finalizando el año 2009, que la mantuvo en cama por más de una semana y empezó a recapitular externamente . . .

diciembre de 2009

LA MENTE ES UN MONO BORRACHO

¡Llevo tantos días "enjoyiná" en estas cuatro paredes!, y prendo el televisor, y oigo que Fortuño dice que las pruebas ya pasaron. (¡Parece que en el 2010, "la guagua", hará una parada en el paraíso!). Bien dice la Biblia, que en los últimos días, "el padre de la mentira" andará suelto, cogiendo de "pinsuaca" a media humanidad. Y por lo que veo, estamos ya en el apocalipsis con todo lo que está pasando.

Todos los días tengo la misma pesadilla: veo que se abre el cielo en dos cantos y que baja una gran pelota de fuego (¡que me imagino que serán las estrellas que se están cayendo!) y siento ese vaporizo que me está quemando la cara . . . y empiezo a sudar y a sudar como yegua esnúa . . . Y entonces me despierto, y al rato es que me acuerdo que no me tomé la Xanax y, además, me doy cuenta que se había ido la luz, polque el abanico dejó de dar vueltas. (¡Otro apagón, con la calor que hace! y eso que yo duermo solamente con la redecilla) . . .

Y después de "madrugà" agarro el sueño otra vez y entonces veo como un marullo gigante que se lleva enreda a la Estatua de San Juan Bautista, y la deja "sembrà patas arriba", en medio del Capitolio, y con el dedo apuntando hacia abajo . . . Y me levanto con este dolor de pecho . . . a lo mejor por eso fue que me dio un patatú el otro día, que por poco las enlío antes de llegar al 2010. O ¿será porque me paso masticando como las vacas, antes de acostarme? Ya no me funcionan ni las cápsulas ni el té chino del doctor Min.

Este año, casi no pude aprovechar los especiales raja tabla del viernes negro, y por poco me enredo a las pescosá hasta por un "palquin" en el "Shopin". Después que llevaba media hora esperando para "palquialme", vino este chamaco, con ese luk de muerto parao, que no se lo despinta nadie: la gorra de lao, las gafas y el blin-blin que le tumbaba el" gaznate". De esos que van a la iglesia del Perreo y al festival del guaya-guaya, y que parece que tienen epilepsia cuando hablan, porque sólo saben repetir "loco" y "perro" pero que te lo dicen de cariño. Y que parece que pertenecen a la misma familia, polque todos se llaman "cabrón" y se pasan agarrándose las bolas. (¡El señor los reprenda!).

El tipo llegó con la música a to jender, y tra-tra-tra "bum-bum-bum, y dale pa bajo mami, "esta noche, tu y yo vamos hacer maldades" . . . Cristiano, yo creí que se me iba a salir el cerebro por las orejas y el corazón se me quedó retumbando como por media hora. Y el contrallao aprovechó que yo quedé loca y sin ideas con aquel alboroto y se me coló frescamente en frente de mis narices y, para colmo, me sacó el dedo malo. (Que le dé gracias a Dios, que yo no estaba con la moña pará ese día, y que estoy en terapia con el siquiatra, polque si se me llega "a salir lo de Hulk", al otro día aparecemos en primera plana en El Vocero: **"le jienden la chola, y le rebanan los sesos por un palquin"**) . . .

Y después, cuando por fin logré entrar a la tienda, mejor dicho, cuando me metieron a empujones y a patá limpia, perdí un zapato y me pisaron los juanetes . . . ¡aquello era un despelote del cará! Pero después que uno hace el sacrificio de levantarse a las 3:00 de la mañana, yo no me iba a ir pa mi casa con las manos vacías. Seguí coja por toda la tienda, empujando el carrito.

Recuerdo que había gente hasta "encaramá" por arriba de las góndolas. Una doña le mordió la mano a otra, que estaba tratando de coger una lámpara, (que por cierto, estaba puñetera la lamparita con aquellos flecos guindando). También había un tipo que le quitaron la correa, cuando trataba de agarrar una laptop, por poco lo dejan "esnú". Y yo Salí que parecía que me había pasado un camión por encima o que había salido de Irak. Se me cayó hasta el" dubi," me subió la presión, y para colmo, no pude comprar lo que quería.

¡Con la falta que me hacen dos plasmitas: uno de por lo menos 48 pulgadas, como el que se compró la comay Ramona. ¡Me imagino lo lindo que se veía en la pared grande de mi cuarto y otro más pequeño pa la cocina! También quería aprovechar para comprar un "aifon triyi" para la nena, dos nintendo ui y dos "aipos de ocho guinga" para los nietos. No hay "cachimiro", pero lo podía coger a tarjetazo. ¡Total, que se joda, la última la paga el diablo! . . . (¡el señor lo reprenda! . . .)

A lo mejor con el plasmita se me quita el "amotetamiento" que tengo. Que este año no me ha entrao ni el "crismas espiri". Estoy como el Grinch ese de la película, que está siempre "amalgao y encuevao" . . . ¡y soy capaz de mentarle la madre al que venga a cantarme la paloma, a tocarme el wi-wi-chu, o a decirme que le baile la pelúa.

No tengo ni ganas de ir al centro, a verle la cara a ninguno de esos viejos. La semana pasada, Catalina me sacó el mostro, cuando se puso a cantarle a don Elías: "Elia dame el agua, dame el agua Elia." (Lo peor del mundo es una vieja fresca y borrachona. Y después dice que no bebe, pero esa es como la hija de Eusebio). El pobre Elías, que es más serio que un chavo e pan (aunque sabrá Dios, polque últimamente lo veo con una 'contentura", ¿será que se está tomando las pastillitas azules pa levantarse el ánimo? o ¿será por la legalización del pitorro, en las crismas?

Hoy voy a jugar la loto con Revancha, polque la suelte me está buscando, y el pega uno, dos, tres, cuatro y hasta el Raspa y Gana . . . (Total, a mi nada se me pega, y nadie me raspa ni "perriando".) Voy a tener que mandar a buscar la medalla esa de la Foltuna", el paño ungido o la Rosa Bendita. ¿O será mejor llamar a mister cash, el de la televisión, a ver si me gano el plasmita?

¡Me siento atribulá por todo lo que está pasando! y buscando explicación a la crisis que nos rodea, empecé a leer el mamotreto ese del libro de don Aníbal, que es algo así como "Sochislaif" o Te Mintieron, te cogieron de pendanga y "Ahora Que" . . . Y a la verdad, que esto se está poniendo cada día como el cuento de "Robinjud" pero al revés, quitándole a los pobres para darles a los ricos. Y como vamos, ya mismo nos convertimos en el Estado Mendigo 51 y nos vamos a tener que lamber la arepa . . . ¡Que Dios tenga misericordia de nosotros!

Me estoy rompiendo la chola, para ver como rayo les explico a mis nietos que Santa Clo y los Reyes no van a llegar este año. Que ni siquiera polque le van a quitar el ivu a los juguetes, con el proyecto ese que se sacaron de la manga "prodochon", los muertos sentados que tenemos en la legislatura . . . y que "El Crismas Toys tax fri" . . .

¡Que a la verdad que estos políticos son la changa! con el relajito ese que tienen con el ivu, y vuelven y lo quitan y vuelven y te lo espetan. Que me imagino que pa San Valentín, volverán con otro proyectito, algo así como: el "Valentins Bi main" Tax fri dei" pa que la gente compre su "cama fruta" sin IVU y to esas fresquerías que anuncian pa los enamorados . . . y después en Semana Santa le quitarán el ivu hasta al bacalao, pa que le echemos bendiciones, después que nos han "clavao" el resto del año. Para las madres vuelven y te lo quitan. Y luego de ese día, vuelven y te lo espetan hasta los Padres y después pa las cositas de la escuela. Y así siguen to el año con ese relajo . . . cogiendo a uno de "pinsuaca", haciendo que hacen, mientras nos conducen por el Monte del Calvario, pero ellos se reparten el bacalao con la cuchara grande.

Creo que los pobres nenes se van a tener que conformar con las bolas plásticas, esas a colores que nos tira el alcalde todo los años. Cuando viene con la trulla de "alcaguetes" del Municipio, a darnos el asalto navideño. (Que ya de asaltos estamos jaltos todos los días en este país). ¡Me sacan el mostro! polque no hacen na por uno en to el año y después vienen encaramaos en las "tumbapavas" cantando "Alegre vengo de la Montaña" . . . ¿Quién carajo puede estar alegre en este país, con lo que está pasando? . . ."Y a mis amigos les traigo flores" . . . ¡Petardos, es lo que nos traen! . . . Después que le chupan a uno hasta la alegría, con tantos aumentos y ahora pa completar de regalito de Reyes, van a seguir votando más gente del Gobierno . . .

Quizás sea mejor decirles la verdad: que a los Reyes los votaron y que Santa Clo le metió la ley esa, la emergencia fiscal a los duendes. Pero no lo van a entender, si yo tampoco lo entiendo. Después que dijeron que al único que iban a votar del gobierno, era a don Aníbal, parece que hay 20,000 Aníbal en este país. ¿Quién se iba a imaginar, que iban a hacer algo así? . . . no en balde mi madre decía que "hay gente que son de los que pisan blando, pero que joden duro".

Mejor les digo, que ese señor, Rodríguez-Yema, al que le dicen el "Termineitor II" privatizó a los camellos y al trineo o que se los vendió a las APP. Pero entonces me van a preguntar qué es eso de las APP, y yo no sé como carajo explicarles eso. Si hubiera un librito que te explicara, estas cosas que se inventan los políticos, tan claro, como ese que te explica "El Divorcio en Arroz y Habichuelas" . . . A-P-P . . . "Debe ser algo así como dijo Ojeda el otro día: a" Pepe, que se joda con eso" . . . Lo mejor será decirles que con la ola de criminalidad que existe en la isla, le robaron el saco de regalos o que les hicieron un "Trineo-yaquin y hasta un Camello-yaquin" . . . pero entonces me pueden preguntar por qué los federales no intervienen en el caso, sobretodo, tratándose de un delito relacionado con Santa Cló y los duendes.

¡Tanta criminalidad! . . . ¡Tanta violencia! . . . ¡Jesús manifica! . . . ese robo a la Mudaford, que dejó corto a la película "Ocean Seven-Eleven" . . . allí llego S.W.A.T, la Fuerza de Choque y hasta "Wally" el robot, estuvieron dos días vigilando frente a la tienda, y cuando entraron, ya los pillos se habían ido desde el día anterior. Lo más seguro que los ladrones los estaban mirando a ellos por la televisión, mientras comían tranquilamente su popcorn y se repartían el botín. (Que Dios nos envíe al dúo dinámico para que nos proteja).

Despúes la Fuerza de Choque se metió en una escuela elemental . . . ¿Dónde se ha visto cosa igual? . . . !Estamos del cará! . . . Me acuerdo que Aníbal activó la Guardia Nacional para acabar con el mosquito del dengue y Fortuño le está metiendo la Fuerza de Choque hasta los nenes de kindergarden . . .

El otro día vi unas mujeres que se amarraron con cadenas en medio del expreso (como si viviéramos en la época del esclavo" Cunta Quinte"). Total, que en estos tiempos no encadenan ni esclavizan a nadie por ser negro, ahora, simplemente somos explotados por los intereses de unos pocos.

Dicen que otras mujeres se esnuaron" de la cintura para arriba y se hicieron un "bodipein" en los pechos, y pararon el transito en la Ponce de León, (¡cómo no son suficientes los tapones!) . . . Que no entiendo que tiene que ver que le enseñen las tetas a Raimundo y to el mundo, con eso de los despidos en el gobierno (que bien pudieron causal accidentes, con la de enfermitos que andan por ahí) . . . Y el tapón del carajo que también se formó la semana pasada, llevando y que un avión para un Restauran en Barranquitas. Eso solamente se ve en este país. ¿Qué nos pasa Puerto Rico?

¡Tiene uno que espetarse la xanax con el café de la mañana pa poder pasar el resto del día! Ahora, lo único que falta es que a "Brillantini" se le ocurra la idea de sacar un submarino de los que están en Ceiba y se lo lleve también pa San Juan y lo convierta en una barra frente a la Perla. Así, por lo menos, no tiene que il mas a la Betsy, a pasar malos ratos, a que la Nina le esté dando la "guelía" . . . ¡Jesús manífica! . . .

¿Y el barco ese que se tuvo que ir polque no cabía en los muelles, por culpa del "coso grande" que pusieron de adorno en el agua? ¡Dito sea Dios! A la verdad que aquí todo lo hacen a lo culo de res . . . ¡Que bochorno! . . . Después que supuestamente to estaba listo: la fanfarria, la música, los "lambeojos" . . . , nos dejaron "puyú" y el barco siguió de largo . . . (Cuando pasan estas cosas, me viene a la mente el eslogan ese que dice ¡Puerto Rico lo hace mejol! o aquella canción que decía ¡seguro sueñas que estas en Puerto Rico!), pero algunos sueños, son pesadillas . . .

¡No en balde el Secretario de Agricultura, dijo el otro día, que hasta las vacas tienen estrés, y no quieren producir leche! . . . que ahora van a importar leche de la Florida. Eso debe ser una excusa pa aumentarnos el precio. (Lo que deben hacer es ponerle una musiquita clásica, a las pobres vacas, para que se relajen, o darles unas clases de yoga. Pero lo más probable es que le pongan música de reguetón y yo no me imagino, tratando de ordeñarlas al ritmo ese del "tra-tra-tra-tra—y bom-bom-bom", mientras les exprimen las tetas. (¡Dios tenga misericordia de las vaquitas y las lleve a pastal a la tierra donde fluye leche y miel, eternamente, pa que jamás tengan que ser ordeñadas!).

Sin embargo, allá afuera parece que Holly Cow, la vaca americana, está más contenta con Obama, que Foltunata, la de acá. (De seguro, que cuando le salga la leche, a Foltunata, va a saber amarga!) . . . No solamente es la piña la que se está poniendo agria, la malanga está jojota y ahora tampoco los animales pueden masticar el pasto. Y la gente anda por ahí como que toda virolda, con la mente intoxicá de tanto revolú.

¡Gracias a Dios, que no me dio este "yeyo" en la calle, que si no, me lleva pateco!, polque últimamente, las ambulancias llegan cuando la gente ya ha estirado la pata. Y como si fuera poco, antes de salir pa el banco, tengo que pedirle a Dios que me proteja de un tumbe, polque los viejos, estamos en peligro de extinción y pa colmo van a desmantelar la oficina esa que ayuda a los ancianos.

Ahora también dicen que hay que lavarse las manos cada dos horas, darse el chino (el saludo con las manos juntas) y no besar ni a la madre que te parió, para que no se te pegue la porcina. Para completar ya hay otra epidemia de dengue. Yo por si acaso, me sacudo la bata, a cada rato, para que no me pique el mosquito. Que no se sabe que es peor: el dengue, la porcina o la medicina amarga de Fortuño. ¡Y este fogonazo que hace en plenas crismas! . . . . Que si este calor sigue así, ya mismo nos vamos freír los huevos en la cabeza.

Pero lo peor de todo, es la junta esa que nos gobierna, ("la Jeres") que se creen la ostia en bicicleta y tal parece que están ajumaos, pues nos están dejando sin habichuelas y haciendo perder la chaveta! ¡Y por culpa de ellos, muchos vamos a pasar esta navidad con una mano alante y otra atrás! ¡Y entonces si te digo yo que vamos a bailar la pelúa! ¡Que sabrá Dios, son capaces también de enjorquetarse en una" tumbapava", pa darnos también otro asalto, como andan haciendo todo los políticos en el Capitolio, como si este país fuera un "Disniguol". ¡Eso es lo único que nos falta!, que vengan por ahí cantando: "el jolgorio está, el jolgorio está, bien por la maceta, vamos a gozar, ja ja, guepa, guepa, guepa" (como si tal cosa, y aquí en la tierra paz y en el cielo gloria) . . . si Pepe. Después de la puñalá esa, que nos dieron el 6 de noviembre y la que viene el ocho de enero, que ya parecemos al "pobre lechón que murió, con un tajo en la frente y el otro en el corazón" . . . ¡Pero que no se esmanden!, polque le vamos a contestal pa tras a la junta esa, con la que dice "Puelca sinvelgüenza, puelca condená, me dejó la gente todita esmayá" . . . o con esa otra, la de "Mata la cucaracha, que te comió la camisa" o si no la que dice "Tira la palanca y enderesa, que la guagua va en riversa" . . .

Y ahora pa completar, la "elcatombe" que dicen que nos espera en el 2012. ¡Digo!, si es que no nos limpiamos antes, atosigaos de tanta medicina amarga, de tanto asalto, y de tanta puñalá. Por eso no me queda otra que decir, como dijo aquella vez el Prócel de la Palmolive, el Amolao, "Esto se Jodió" . . . ¡Que el Señor me reprenda la lengua sucia! . . . ya se me está descontrolando el mono otra vez. Tengo que sacarme los piensos negativos de la mente, como me dijo el siquiatra . . . !como si fuera tan fácil!

Me acuerdo que en la última cita, el doctor trataba de explicarme cómo funciona la mente y cómo calmar al mono loco que tengo dentro del coco.

¡Con esa santa pasta que tiene!, me decía, que la mente es como un mono "desinquieto", que va saltando de un pensamiento a otro. Yo le dije que la Chita que tengo en la chola, parece que está borracha o que tiene un ataque "epiléstico". Me explicó que las tormentas pueden levantar olas "enooooolmes" en la superficie del mar, pero que en las profundidades los peces nadan en aguas muy tranquilas, polque ellos saben donde estar hasta que pase la tormenta. (¡Que pescaditos tan inteligentes!). De la misma manera, en la superficie de mi mente puede haber un tsunami de revoluces, pero que yo puedo jondearme en lo más profundo de mi alma y buscar ese lugar tranquilo dentro de mí y lograr la calma y la paz, sin importar el "boyete" que esté pasando afuera.

El dice que hay que aprender a tranquilizar al mono de la mente, teniendo pensamientos de paz y de armonía. Que las palabras y el tono con el que las diga, debe reflejar mi intención pacífica . . . Que hay que vivir partiendo de un corazón en paz, y eso quiere decir que hay que ser una presencia de paz dondequiera que uno vaya. Hablar de paz, ver la paz, "güeler" la paz . . . polque de la manera en que uno coge las cosas, así mismo va a experimental la vida . . .

Yo le dije, "¡con la boca es un mamey!" . . . pero cuando uno ve to lo que está pasando, si los primeros que forman las garatas son los políticos . . . Usted no vio el otro día, cuando el Secretario de Justicia le dijo a un legislador, "que era un enano y un pichón de abogado", (que yo pensé que lo que le iba a decir era pichón de elefante, y ahí mismo se iban a entrar a las trompás, como hicieron el Caballo y Molina, que se pelearon por la madre de Bush). (¡Qué ejemplo le están dando al pueblo de Puerto Rico!). Empiezan a discutir los revoluces que tiene el país y terminan en lo personal: "que si la madre de Bush, que si enano, que si pichón" . . . (mi mai siempre decía, "que el pájaro se conoce por la churretá"). ¡Que el Señor, tenga misericordia y ayude a este pueblo a aguantar los jabs de derecha y de izquierda, para no quedar tuertos como el caballo!

El doctor se reía y me decía que a veces no se puede hacer nada ante lo que pasa, pero que uno si puede decidir cómo va a reaccionar ante las circunstancias, y lo primero que debe uno hacer, es respirar hondo y tratar de calmar al mono . . .Le contesté: o sea, que si veo a la fuerza de choque que se mete en una escuela elemental, ¿es mejor que le meta cuatro Xanax al mono? . . .

(El médico se esmorcilló de la risa, y me dijo que no escuchara ni leyera tantas noticias) . . .

Pero es que a mí me gusta leer los periódicos y ver el" noticiero" (yo soy de las que me acuesto con Pedro y me levanto con Normando) ¡Jesús manifica! Y también escucho los programas de análisis como: "La Bola de Pegao" y "la Pelota de Fango" para luego comentar con los viejos del centro. Leo hasta las esquelas del periódico para saber si estoy viva todavía.

El otro día vi en el Vocero, que hasta los muertos firman esos anuncios. Polque en la esquela de un tal Apolonio, que se murió, decía, que sus hijos, sus hermanos, sus nietos, biznietos y su viuda, Bonifacia Tirado, (que en paz descanse) notificaban de su pérdida. (Dios no permita que, cuando me vaya a moral en los prados celestiales, me tenga que enterar de esa manera . . .) Yo que pedí que me velen en la Lancha de Cataño, digo, si está funcionado todavía, para darme el último viajecito, con el Vocero en las manos.

Pero a la verdad que no puedo empezar la mañana, sino leo mi horóscopo, con mi taza de café en la mano, pa ver lo que me espera en el día, y después el informe del tiempo, pa saber si cargo o no con la sombrilla. Si están los polvos esos regaos por el cielo, la bruma o las cenizas del volcán para tomarme la clarinex y acabar con los síntomas de la alergia, antes de que acabe conmigo.

-Dos-

Conociendo a la Tipa Común

Inocencia Esperanza del Pueblo, alias Chencha, es puertorriqueña y parcelera, y a orgullo lo lleva. Farandulera, politiquera, parlanchina y hasta religiosa. Lo mismo habla en lenguas, que se le escapa el vocabulario florido. Siempre tiene la "sin hueso" monta en bolines, el "mono trepao" y se las da, de ser comentarista de política realenga. Se la pasa alborotando el gallinero y "chavando la pita" con los políticos del país, pero anda con Dios, agarrada de su manto y con una biblia debajo del brazo. ¡Todo un personaje de mi pueblo!

También es "shopajolic", le encantan las grandes gangas y las ventas "raja tablas", los grandes especiales de etiqueta roja, amarilla o blanca, las ofertas del ya tradicional "black Friday" o las del día de los Presidentes en Sears, Macys o Penneys. Siempre está atenta, a lo que "doctor shopper" aconseja, para que no la cojan de . . .

No fuma, ni bebe, no usa drogas pero todo se lo come (algún vicio tenía que tener). Cuando entra en "depre", su única terapia es irse de shopping a Plaza Las Américas, pero ahora con esta crisis, está loca de atar, porque no puede comprar. Tiene que conformarse con tomar el fresco gratis o irse a caminar con los muchachos de las patitas calientes.

Trabaja de voluntaria, en un Centro de Envejecientes y aprende la sabiduría de los que no tienen dientes. Nació en el campo y como tantas otras no se dejó criar. Se fue a vivir a la losa, luego de haber desfilado con Florencio, por detrás de la iglesia.

De ahí partieron a Nueva York, donde su hijo Johnny Pérez, se crió. Pero Florencio, que siempre fue un picaflor, estaba detrás de una gringa y un buen día la abandonó.

Todavía recuerda, aquella fría mañana, en el Bronx. Estaba lloviendo, cuando lo vio marcharse desde la ventana. El se dio cuenta que ella lo miraba y no le costó otro remedio que disimular. Esperanza, le gritó desde abajo, "cierra la window, que afuera esta reinando y yo voy pa la "marqueta" a comprarte los "porkchoppers" para el "lunch" . . . y jamás regresó, y tampoco le trajo las chuletas. Y ese fue su primer maldeamores y el que la vida le jodió.

Me acuerdo la segunda vez que fui al centro. Fue luego de la "marcha de los bastones y de los Depends"que ella organizó con los ancianos, para ir a protestar frente al Capitolio, por el desmantelamiento de la Procuraduría del Envejeciente. Yo cubrí ese día, la noticia. Después ella me invitó a visitarlos el día siguiente. Cuando llegué, estaba conversando con don Melquiades, un viejito amargado y refunfuñón. Al que trataba de motivar, sin éxito alguno:

- Yo no sé por qué le llaman a esta edad "los años dorados" si uno está todo jorobado, . . . debe ser por el color de la orina, polque uno hasta se mea encima."

- Deje de quejarse tanto, hay que estar feliz, de buen humor, don Melque, polque si no me le dan "humorroides" y eso duele un montón . . .

- ¿Feliz? . . . con la crisis que se vive en este país. El que anda por ahí feliz, o se pegó en la loto, o está en un jodio viaje".

- Ay don Melque, si la crisis es mundial, hay un tiempo de vacas gordas y uno de vacas flacas . . . pero todo esto pasará.

- Que vacas gordas, ni que vacas flacas, vacas locas es lo que hay en el gobierno.

(Luego, llegó don Asunción, con su cara de lechuga, a recitarle un poema a Chencha, y fueron dos los enojados) . . .

- ¡Oh, mi amada emperatriz, mira si mi amol es loco, que quisiera ser un moco, pa estar en tu nariz . . . .

- ¿Y usted se cree que me va a enamorar diciéndome esas cochinadas? (le dijo Chencha).

(Y en esas estaban, cuando Chencha, comenzó a sonar un silbato que llevaba colgado a su cuello). Mientras anunciaba:

- Es la hora del análisis de la noticia, la hora del "lapachero" del día.

- Me sorprendió la manera particular en que estos ancianos se vacilaban a los políticos, y comentaban la noticia rimando las palabras. Me quedé para escucharlos, y desde ese día continué visitándolos.

-Tres-

Una perspectiva realenga de la noticia:

Durante la transición del gobierno de Aníbal (el Alacrán Rojo) al de Fortuño (el tsunami azul), parece que las calculadoras en todo el país, se "tiltiaron" y no sabían decirnos con exactitud la magnitud del déficit presupuestario en el gobierno. (Menos mal que esto no fue en el "guai to kei"). El gobernador designó al Comité Asesor de reconstrucción y Estabilización Financiera, el C.A.R.E.F, mejor conocido por el pueblo, como el cafre team, o el "Terminator") el cual nos recetó la medicina amarga, que había mencionado Fortuño, en su primer mensaje, para curarse en salud, pero que no lo habíamos captado, debido al marullo epiléptico de alegría, que nos inundaba, con la llegada del "tsunami azul" a la Fortaleza. Sobre las medidas del informe, ese día, comentaban los ancianos . . .

El informe del Cafre Team, la medicina amarga y hasta Jei lo":

-El informe es pal pueblo y no pal grande, (decía un anciano de grandes verrugas). Entre otras medidas, los impuestos aumentarán y también las llamadas al maldito celular.

-Dicen que las medidas las tomaron los genios, por eso ya se jodieron los trabajadores y los convenios, (decía otro, cuyo nombre no recuerdo).

-Ese informe al pueblo le da palo, a mí esas medidas me hacen hablar malo, (decía don Genaro): Coño, subirá más la gasolina, carajo, el gas esta ya caro. Y ahora no me puedo desahogar, polque será más caro, hablar por celular.

-Con ese informe, la cosa más se chavó, continuó Asunción, y yo me pregunto:
¿Pol qué tengo que pagar lo que otro se robo?

(Bernabé, quien lucía una estrella, con el número 51, en el cuello de la guayabera, dijo): se me acabó la luna de miel, cuando escuché las recomendaciones del comité, pero ya Fortuño había advertido, sobre la medicina a beber . . .

-Parece que estábamos en un viaje, añadió Melquiades, "eslembaos" con el culo de J.Lo, cuando vino a escuchar el mensaje.

-O no escuchamos lo que dijo Roselló, que en vez de tsunami, era un volcán en explosión.

El gobierno y su comité de "reconstrucción", establece 14 nuevos "Ivu"

Todo anda por las nubes, con tanto impuesto: la luz, el agua, la comida, hasta la gente, pues últimamente vivimos como en un "trance hipnótico". Y no es para menos pues ya no hay nada seguro para este pueblo. Muchos ancianos también se vieron afectados porque le cancelaron los servicios de la tarjeta de salud de gobierno, en pleno tratamiento de enfermedades catastróficas . . .

-Me hablan de crisis, y yo no entiendo, dice don Inocencio, la crisis es solo pal chavao pueblo.

-Ellos tienen buenos sueldos, y ni se diga de los beneficios, con eso na mas pueden alimentar al pueblo del niño.

-Yo cada mes tengo que jugar con las cuentas a pagar: casa, comida, luz y agua; y para acabarme de chavar, no me sobra ni para la viagra.

-Ayer fui al colmado, y por poco me da un yeyo, pues por un paquete de arroz tuve que pagar tres pesos.

-Yo compro to genérico, Dolores, hay que olvidarse de las marcas famosas, que si charmin es mas suavecito, o más tierno para mis hemorroides.

-Esto esta malo, Paco, no te podrás ni bañar.

-No importa mija, si yo a veces me doy el baño del polaco.

-Yante todo este cuadro, me tengo que cuidar (dice Tomas), pues enfermarse es un lujo que no se puede pagar. Pues si tengo un terrenito, ahora resulta que la Reforma de Salud me quiere tumbar.

-Y si me muero, añade Jacinto, también me jodo en el asunto, pues ahora pa completal, dicen que le están robando las cajas a los difuntos.

-Imagínese, lo que es enfermarse en este país, (comenta Chencha, mirándome) intoxicada hasta "jome con la medicina amarga y que te quiten la tarjeta de salud, y encima de eso, si te mueres, que te roben la caja, que con tanto sacrificio pusiste en Lay a way, en el Simplicity Plan, o que pagaron tus familiares con una colecta de última hora, polque nadie esperaba que te fueras a morir en medio de esta crisis económica, con tanta deuda, y con los bonos llegando casi a categoría de chatarra. (¡Que Dios nos guarde, en esa hora, y que nos ponga donde no nos mojemos, o por lo menos, donde no haya tiburones!)

-¡Y todavía quieren darnos más amarga medicina!, si llevamos diez años tomando cápsulas de jodeína. (dijo Genaro).

-Más que medicina amarga, nos están espetando purgante y enemas de café, a cuenta de los bonos chatarra.
(Un viejito, que estaba en una esquina y que parecía medio ido, comenzó á dar palmas y á cantar: "esto tiene que cambiar, esto tiene que cambiar" . . .

Hoy me arrimé, tempranito por el centro. Los viejos estaban comentando sobre la evasión contributiva, pues el gobierno había prometido, como parte de su plan, atrapar a los evasores de impuesto . . . pero como tantas otras promesas, se ahogaron en la marejada de la campaña política.

La evasión contributiva sigue rampante, (leía un anciano) se estima en cinco mil millones, de los cuales dos mil millones son cobrables.

-¿Dónde están los "Planilla Busters" que nos prometieron?

-Hay negocios que no reportan el IVU, los chavos se quedan allí. Y también hay empresarios y profesionales que reportan una miseria, aunque ganen más de cien mil.

-El que sale fastidiado es el pueblo trabajador, el que se sacrifica para tener su hogar y hace su aportación.

Pero no recibe nada a cambio, Marcela, no hay mejores escuelas, ni mayor seguridad, y ni hablar de las carreteras.

Aumentos y nombramientos para las joyitas del gobierno, mientras los Juegos Centroamericanos, serán "fat free". Por otro lado, una legisladora propone sacar los galeones del Mar Caribe para conseguir los fondos . . .

-La cabeza ya me arde, qué se creen también esos jefes de corporaciones y esos alcaldes . . . .

-Los que se aumentaron los sueldos, los que se llenaron los bolsillos, con los bonos desproporcionados, los pagos de vacaciones . . .

-Pagos, dudosos, cabrones y excesivos . . .

-No me digan los desgraciados, ¿que en cuatro años no se enfermaron y que dejaron huérfanos a sus hijos?

(Don Melque lee en voz alta el siguiente titular: Nombramientos en ARPE. Los salarios en los puestos de confianza, de esta agencia, superan a los anteriores en los mismos puestos . . .)

-Como si fuera una venganza, se están repartiendo los salarios con cuchara grande, en los puestos de confianza.

-Mira el sueldito, del Oficial de Prensa, a ese no lo nombraron por su experiencia.

-Adió, caray, si ese tipo fue al que votaron de la "Comay".

Y siguen los nombramientos de las joyitas, (lee otro anciano) . . .

-Cuando oigo decir que Chemo Cruz, la Comisión del Seguro va a presidir, la cara más se me arruga, eso es poner al cabro a velar la lechuga.

-Ese hombre, la ley del Seguro violó, y ahora va administrar la Comisión.

-¿Qué carajo le pasa a ese comité evaluador?

-¿Qué se creen esos descarados? Que en este país han dejado de existir los hombres honrados.

-No hay dinero pa celebrar los juegos olímpicos, pero se le reparte el bacalao a los asesores (dijo Dolores) . . .

-Ya están preparando la serenata, con los ñames, la yuca y las batatas.

(otro anciano lee la noticia sobre el proyecto de los galeones del Caribe).

-La cosa está tan mal, que dicen que los chavos, hay que buscarlos en el fondo del mar.

-Señores: ¿Qué está pasando aquí? ¿Qué se cree la senadora esa? . . .

-Se escapó de la película Pirates of the Caribbean, o de seguro, es descendiente de Cofresí.

-(Bernabé, señalando otra noticia) "dicen los que saben, ay bendito, que el ingreso por cabeza es tres veces más allá afuera, que aquí en Puerto Rico, Y yo no me explico, Teresa, esto a mi me espanta: ¿por qué los asesores de fortaleza ganan más que los de Casa Blanca?

-Yo no entiendo Federico, esta disparidad, en momentos de austeridad, miles de empleados con salario de hambre, a la calle irán a parar.

-Pero por otro lado, Dolores, aumentan los jugosos contratos de los ñames asesores.

(Una anciana lee otro titular) . . .

Robo de ataúdes en el país . . .

-¡Que jodienda Cirilo, en este país ni muerto, estas tranquilo!

-Que espeluznante asunto, eso de robarle a los difuntos.

-Tan difícil, está la cosa, hasta para el pillaje, que dejan al muerto sin caja, para llevarlas y que al reciclaje.

-Ten eso en cuenta, Estanislao, que no te cremen en el velorio. Y jamás pidas un funeral como aquel jolgorio, del muerto en la esquina parao.

-Tampoco pidas mortaja, no vaya a ser que terminado el velorio, te lleven la ropa y hasta la caja.

(En medio de tanta mala noticia se tomaron un receso para hablar sobre el astronauta Joseph Acaba, pero obviamente sin dejar la controversia. Pues cuentan y no acaban, que Acaba, no es de aquí, que es de allá . . .)

-¡Qué importa si no sabe la diferencia entre un mofongo y un mondongo, o que no halla probao, un canto de morcilla o de cuchifrito . . .

-Lo importante es lo que él sienta. Y la verdad es una, él así lo ha expresado, que se siente borincano aunque ande por la luna.

-Lo que no se puede negar, es que los Boricuas somos una jodienda, hasta allá arriba Superman, está escuchando la plena, volando por el espacio sideral con la bonita bandera.

(Hoy encontré a mis amigos dorados, demasiado alborotados, y no era para menos, cuando escuché el resumen de noticias que iban a comentar) . . .

S.O.S. para reducirle la panza a Juan del Pueblo, los Armani de Aníbal, los juegos olímpicos fat free y el legislador Idol

Ley siete para reducir la cantidad de empleados públicos . . . (leyó Melquiades a don Genaro.)

-¿Qué le parece la noticia Genaro?

-Me he quedado perplejo, esa ley para reducir empleados es una cogida de . . . p . . .
-Habla de renuncia voluntaria y de jornada reducida, eso es como jugar a la cebollita o la pirámide invertida.

-Esa ley no se hizo pa los grandes jefes, ni para los asesores y ni hablar de los legisladores.

-No entiendo, Clemente, al más pobre quieren obligar a que renuncien o reduzca su jornada permanentemente.

-Eso lo veo feo, dice Inocencio, mientras hay jefes de agencia que se dieron primero un aumento para luego bajarse un diez por ciento.

-Y qué me dices, Teresa, de esos asesores, que ganan más de cien mil polque vienen de la empresa y con el mismo salario van a seguir . . .

-¿De qué carajo están hablando? ¿Hay que pagarles tanto, por ayudar a hundir mas el barco?

-Esa ley, al trabajador deja maltrecho, no sólo por el despido, sino polque lo deja también sin ningún derecho.

-Lo que a mí tanto me espanta, el que hizo la ley, hizo también la trampa. Óyeme bien Asunción, pues deja sin efecto, toda disposición que impida su implantación . . . .

El gobierno despedirá 30,000 empleados

-De verdad que el tsunami, con el país ha arrasado, y decía que sólo Aníbal del gobierno sería votado.

-La ola de despidos, se llevará tantos empleados, y yo me pregunto Melquiades: ¿serán todos alacranes?

-Yo no entiendo, cómo mejora la situación el despido de tantos empleados,
si por un lado son ellos los que pagan mayor contribución.

-No debe ser tanto el ahorro, dejarlos sin ocupación, expuestos al vicio, pero por otro lado, tienen que pagarle desempleo y otros beneficios. jellouuuuuu

La otra noticia que estaba en el ambiente, era el juicio federal contra el ex gobernador Aníbal Acevedo. El juicio no solamente destapó el esquema financiero de las campañas políticas, sino que también se metió al closet de Aníbal y le votó los champions, decía un titular de un periódico que seguía paso a paso el juicio del exgobernador . . .

El "triler" de Aníbal, la maldición de los Armani y la soberanía . . .

La novela de Aníbal y de la fiscal federal, Rosa Emilia, también fue una tizana amarga para este pueblo, y ni se diga, para ese hombre que trataba de poner "póquer face" o cara de Monalisa (sin llanto ni sonrisa), como si nada estuviera pasando. (Que el don tiene cuero de sapo, me decía Chencha). Que los federales no le quitaban el guante de encima a ese hombre. Le dieron como a pandero en navidad y el seguía tan "chillin".

-Ellos querían un cambio, por eso engabanaron al alacrán, le hicieron la cirugía, lo vistieron de Salvatore y le votaron los champions.

-Y dice doña Toya, desde que Aníbal se puso el primer saco italiano, ahí fue que le cayó "la macacoa".

-Eso no es nada Pilar, pues dicen que la asesora, lo último que recomendó fue que usara un "yistro", para que fuera más liberal.

-¡AH! Por eso fue, Genaro, que Aníbal se puso a inventar, con eso del ELA soberano, o la soberanía popular . . .

-Y miren to lo que ha pasado, yo que no soy buen cristiano, el domingo hasta me fui a rezar. ¡Ay Dios, que no me lo metan en la federal!

El legislator Idol

Hoy he quedado patidifusa y anonadada, con las ideas de estos viejos, para celebrar los grandiosos proyectos que está sometiendo últimamente la legislatura en este país.

Ellos proponen que se celebre cada cuatro años una competencia estilo "reality show", donde cada legislador exponga sus más creativos proyectos, interesantes medidas a legislar como: la tablilla vede para los borrachos, el proyecto de sacar los galeones del Caribe para allegar mas fondos al erario, el de la bandera y otro que propusieron de dejar sin huevos, al agresor sexual.

Durante el día de hoy, los viejitos discutían, el proyecto del Presidente del Senado, para ponerle el nombre del exgobernador, Pedro Roselló (el llamado Mesías), al Centro de Convenciones de San Juan.

-Pero mira que pantalones los que tiene ese hombre, que no tengo yo, quiere ponerle al Centro de Convenciones el nombre de Roselló (decía alterado don Genaro).

-Y después, Ulpiano, ¿le van a poner de Castro Font al Tren Urbano, o Misla Aldarondo a una sala del Capitolio?

-Ya se lo dije compay, ese hombre no ha muerto.

-No, pero nos dejó ese peo, de Rivera Shatz.

Otro de los temas que comentaban era sobre las muertes en la carretera . . .

-Me dijo Fela, que lleva seis meses de terapia, con la siquiatra, cruzando la carretera, polque por poco se la lleva un camión.

-Te digo, Udo, que la gente esta guiando como si hubiesen escapado de la película "The Fast and the Furious".

-Ayer salí y por poco me da un infarto; toca y toca la bocina, me querían pasar por encima. Después me pasan por el lado, me invaden el carril y encima de eso me hablan malo: hije pu . . . , ca . . .

-Es que guiamos eslembados, con la mente en el carajo, y todo lo queremos hacer adentro del mismo carro.

-Desde comer y leer, fumar y maquillarse, afeitarse, perfumarse hasta ver televisión.

De hablar por celular, ni se diga y para acabar de chaval ahora testeamos y hasta vemos la Comay.

-Y mira la actitud de alguna gente, lo leí en un carro recientemente: si este vehículo es conducido negligentemente, que se joda, yo lo pago.

Me contó Pancha, que escuchó un anuncio sobre el uso del cinturón: "no se preocupe por la ropa, la funeraria, la plancha."

-Es que hay una gran preocupación por llegar bonito y planchado, y no todo arrugado por ponerse el cinturón.

(Hoy el tema sobre la mesa, eran las reuniones que ha estado sosteniendo el partido popular sobre la eterna definición del "Status quietus" del ELA).

-El PPD, no saca los pies del plato, siguen jugando al matarile, con la definición del ELA y el status (comentó Asunción).

-No se acaban de definir si van a la izquierda o a la derecha (en ese momento dos ancianos se ponen de pie, se agarran las manos y empiezan a cantar y a bailar) . . .

-Ambos a dos, matarile-rile-rile, ¿Qué definición van escoger matarile-rile-ron?

-Escogemos soberanía matarile-rile-rile.

-Ellos dicen que no le gusta, matarile-rile-rile-ron.

-Ellos mismos no están claros, en su posición oficial: que si el E.L.A. soberano, o el E.L.A. subordinado, y menos claro esta la definición de cada cual:

-El ELA que no sea territorio o la soberanía popular . . .

-¿Usted lo entiende don Genaro?

-Yo no entiendo un carajo. Y digo como Angulo, a pesar de ser popular, lo que tienen es un arroz con . . . cono, que se definan ya.

-En vez de colonia, agua perfumada somos, "au de toilette" agua de inodoro.

(Más noticias, con los amigos de doña Chencha) . . .

La shatzferina, el vampirivu y la historia se escribe al revés;

La 'Shatzferina"(Jeniffer y Shatz, la presidenta de la cámara, y el presidente del senado) se ha convertido en la pareja más comentada del país. Más que el dúo dinámico (Fortuno-Pierluisi) o que la "Bradgelina en Hollywood.

-Esas son las nuevas caras del gobierno, dice Cristina.

-Dirás, las nuevas carabinas . . . , contestó Genaro.

-Otra vez en controversia, no saben lo que tienen entre manos, y al pueblo, que se lo lleve el infierno . . . .

-Jennifer, ha formado "un jolgorio" para enmendar la ley siete, que incluya a los maestros transitorios.

-Y Shatz le dio un tapaboca, ¿Qué te pasa loca? Pareció decir, son transitorios, se termina el contrato, como quiera se tienen que il.

-Si siguen así legislando, Dolores, terminaremos los pobres presos por no pagar contribuciones.

-No exageres, dice Pura, aquí solo hay dos cosas malas: el gobernador y la legislatura.

-Ese es el precio a pagar por la cruz, dice Catalina.

-No empieces con la cantaleta, ¿Qué tiene que ver la religión?

-Me refiero á la cruz que hicimos en la papeleta.

Bartolo, que estaba muy callado, de momento empezó a dar palmadas y a cantar: esto tiene que cambiar, esto tiene que cambiar . . .

-Barto, se fue de nuevo en un viaje. Ese jingle es de la época de Ferré . . .

-Y hablando de épocas pasadas, antes, dice don Genaro (que se cree historiador), soportamos hasta el excremento que nos dejaron los animales domésticos.

-Primero, fue la churretá del gallo, después los mojones que nos dejó el caballo.

-Luego, llegó el Mesías (dijo María) al son de la macarena y con ese movimiento de caderas, yo dije: que me haga la cirugía que quiera.

-Después llegó la linda, la princesa en el cuento de hadas.

-Y volvieron los animales, dice Genaro, pues llegó el "chavao" alacrán y nos picó tan duro, que enseguida lo fumigaron.

Y ahora dice la cineasta mami, ¿Quién se iba a imaginar que un mamao se convertiría en tsunami?

-Y después del tsunami, ¿Qué nos espera? ¿Un tornado o un terremoto?

-En realidad, ese es el problema nuestro. Siempre esperando a un Moisés que nos guie a la tierra prometida.

-Pero en la Isla del Muerto Parao, la historia se escribe al revés: llega el Mesías o el Moisés, divide la isla en cantos, no cumplen las promesas y el pueblo nunca sabe por dónde carajo va caminando . . .

-O si no, lo que nos llega son las siete pestes y plagas de los días finales, con todo la clase de insectos y de animales. O nos fastidiamos con los desastres naturales . . .

-Á la puerca, se le está entorchando el rabo, Meche, vamos a tener que comer funche y sin leche . . .

-¡Avemaría, caramba, este pueblo es como un carro suzuki, que to lo aguanta . . .

-Es que queríamos un cambio, dice Genaro, que fuera drástico, y llegó este sorbeto, por fuera plástico, por dentro hueco . . .

-Y ahora, dice Domitila, nos apesta el gobernante, nos apestan los legisladores, nos apesta el país . . . nos apesta la vida.

(Y continúa el IVU, haciendo estragos en el pueblo) . . .

Pago anual de contribuciones por las residencias, para allegar más fondos al erario (leyó don Genaro, periódico en mano)

-Ahora Florencia, hay que pagar contribuciones dos veces al año por la residencia.

-Señores, en este país to lo resuelven con el IVU: vuelves y pagas y vuelven y te lo espetan.

-Ay que joderse, Genaro, ya mismo tenemos que pagarle al gobierno hasta el aire que respiramos.

-Te imaginas el titular: como parte de las enmiendas a la Ley de Emergencia fiscal, el gobierno impondrá un nuevo IVU por respirar.

-Y escuché decir a don Alberto, que hasta a su hermano le mandaron una notificación de deuda, y lleva siete años de muerto.

-Menos mal, que no nos iban a tocar el bolsillo.

-¿Cómo vamos a pagar tanto impuesto? si están dejando al pueblo sin empleo, si seguimos así, vamos á perder hasta el fondillo.

-Mientras Obama baja los impuestos para estimular la economía, aquí predomina la ley del sorbeto.

-¿Cuál es esa, Anacleto?

-Chuparte con el ivu hasta la alegría . . . si seguimos así, nos va a llevar Pateco.

-¡Bienvenidos a la economía del coquí (dice don Franco).

-Y ¿cuál es esa?

-Cobros y quiebras y los ingresos bajando . . .

La Orden del día . . . .

¿Qué tenemos para hoy? le preguntó Chencha a don Melque

Nada nuevo. Desgraciadamente, otra vez la violencia doméstica, vuelve a ser noticia. No vale la pena ni comentar . . .

-Las únicas discusiones que yo tuve con mi mujer, era por las habichuelas.

-¿Por las habichuelas?

-Por jartarme de habichuelas blancas con pana de pepita, yo prefería perder la mujer, a que me reventara una tripa.

-Ave maría, don Melque, déjese de porquerías. Ese es un problema serio y grave.

Mira esta noticia, dice don Melque, desviando la conversación . . .

Monos y vacas en el país y en la legislatura:

Dice Juana, que van a construir un laboratorio de monos, en el pueblo de Guayama.

-Sí, ayer lo vi por la televisión, una compañía extranjera, va a reproducir monos pa la experimentación.
-¡No me digas! Que se vayan a experimentar a la isla del Carajo, o mejor que hagan algo de mayor envergadura: que investiguen qué hay dentro de los cerebros de los que ya tenemos en la legislatura.

-De verdad que la isla, ha sido utilizada hasta como laboratorio. En épocas pasadas, experimentaron con el agente naranja y hasta con los contraceptivos orales . . .

Vacas gordas en la legislatura: (don Melque lee la noticia)**:** se gasta un millón en dietas en la cámara en menos de un año, a pesar de la crisis económica.

-Además de monos ahora tenemos vacas.

-¡Pero no son vacas cualquiera, que son vacas lecheras!

-¡Y qué leche tienen, Tomas, bien gordas y coloras que están!
-Se gastan un millón en la dieta nada más.

-Los Representantes ganan 20,000 en menos de un año, y en dietas solamente.
-Con esa alimentación se puede dar empleo a mucha gente.

-Pero acuérdese Rafael, que ese robusto ganado, es de vacas locas, tienen el cerebro dañado, lo único que saben es comer y cagarlo todo.

-Por eso es que nos cuesta tanto, también, renovarle los inodoros.

El muerto que hace orilla-

(Genaro comienza leyendo el titular del dia . . .

-18 asesinatos en menos de 24 horas, por eso dice estar muy contento el Superintendente de la Policía, Sancha Panza.

-El crimen está a sus anchas, y eso pone contento a Sancha.

-Sancha, dice que "no hay que preocuparse tanto", ¡eso quiere decir que la Ley anticrimen está funcionando!

-¿Resultando? dice Ciso, mira los resultados bien fríos y estiraos en el piso.

-Si el aumento en la criminalidad lo pone contento, pronto celebraremos el Happy Crime Day . . . .

-La mano dura de Toledo no funcionó, polque al final, se le quedó trinca y sin pulso.

-Pero el plan de Sancha, a mi me hace cosquilla, parece que se llama el muerto que hace orilla . . .

Otro aumentito de 6 millones a un ex asesor de Fortuño, mientras declaran ilegales 5,140 nombramientos de empleados en el gobierno saliente de Aníbal . . .

-El gobernador al ser cuestionado por el millonario contrato, dijo que eso era común en el gobierno. ¿Qué te parece Genaro? . . .

-Comunnn . . . . como un culo lo veo, otorgar ese contrato a un miembro de su partido, mientras dejan a tantos sin empleo.

-¿Y tu pensabas, Isale, que el PNP iba a decir que los nombramientos que hizo el alacrán eran legales?

-Es que eres ingenua, ¿no ves que en este país reina la "tramparencia"?

-Pero no se puede negar, que el Alacrán se volvió loco, haciendo nombramientos sólo por volver a ganar . . . .

Hoy los ancianos discutían otro de los famosos proyectos de la legislatura . . . con el cual probablemente, los legisladores serán nominados para el premio "Brain Storm", escuché decir a uno de los viejitos . . .

-¿Sabías tú, Gregoria, que ahora van a legislar pa cambiar la historia?

-¿Cómo es eso, Adriana?

-Un loco proyecto que se acaban de inventar pa cambiar por azul marino el color de nuestra bandera, pa que sea similar a la americana.

-¿Hasta dónde van a llegar, Dolores?

-El color de la bandera tiene su historia, y la historia no se puede cambiar . . .

-Serán morones.

-Después cambiarán el escudo, le quitarán el cordero y le pondrán un burro.

Marcela lee el siguiente titular . . .

Los terrenos de la antigua base naval en Ceiba se convertirán en un gran casino; la Riviera del Caribe.

-Una vez más al gobierno no le importa la gestión de la comunidad, se pasan la opinión del pueblo, por donde no le da el sol.

-Eliminarán las únicas buenas escuelas que tiene Ceiba, además de 2,000 residencias que pueden ayudar a muchas personas sin hogar.

-Ese proyecto es solo pa ricos. Dice ese mister que las tiendas venderán solo productos caros, las residencias serán lujosas, con una marina exclusiva pa lanchas costosas. Y que los pobres se tienen que conformar solo con mirar . . .

¿Qué te parece Melquiades? . . .

-Bueno mijita, tendremos que seguir jugando loto y bolita, a ve si un día nos pegamos y compramos una de esas lanchitas.

-Así que chupate ese limbercito, confórmate con mirar los yates de los ricos y con montarte en la lancha de Cataño, porque "such is life" . . .

-Oye Ilario, ¿y de dónde salió ese dinosaurio?

-De donde mismo salió el de Educación y otros dinoasesores de cuello fino.

-El dice que él es un "jai-ar-gun".

-¿Y qué es eso, Tomás?

-Algo así como el chacal, que lo contratan, solo para matar.

-Él tiene una misión que cumplir, y es: impedir que los menos agraciados, los que luchan pol sobrevivir, despojen a los pobres afortunados, de un paraíso donde irse a divertir . . .

-Polque es más provechoso, los proyectos costosos, que tener un hogar y un techo donde vivir con dignidad.

-Polque se ve elegante contaminar el ambiente con hermosos yates.

-Polque cada día, nos distanciamos más: somos dos márgenes del rio; la del Caribe y la de Martin Peña. Polque en Puerto Rico, "such is life".

(Hoy los ancianos se encontraban preparándose para recibir la tormenta Erika, cuando oyeron la siguiente noticia: Boletín de Ultima Hora)

La Tormenta Erika, se convertirá en depresión antes de llegar a la Isla . . .

-Mira si las cosas están malas en el país, dijo Asunción, que hasta las tormentas, antes de llegar a la isla, entran en depresión.

-Gracias a Dios, que se fue dice Mami, ¿tú te imaginas lo que pasaría, si se junta esa tormenta con este tsunami?

-Igualito que en la película The Perfect Storm . . .

No llegó la tormenta Erika, pero el tsunami es inminente. El comité asesor del gobernador Fortuño, finalmente dio el anuncio oficial: la ola sellevara 17,000 empleados del gobierno . . .

Reflexión . . . .

¡Vivimos en la Isla del Muerto Parao!
El cadáver sigue de pie sonriendo
en una esquina, sin percatarse siquiera
de que el tsunami también nos pasó
por encima.

Nos arropan olas de corrupción
de crisis moral y social,
y seguimos soñolientos
con gesto de hierro
o ya bien de parranda
como diciéndole al mundo
¡Que siga el entierro!

Miramos sin ver,
como muertos en vida
vemos las olas pasar
y dejamos que la procesión siga.

Le tememos a la gripe aviar
y a la fiebre porcina
y sin darnos cuenta, nos insensibilizamos
ante el sida, ante la pobreza y la pandemia de violencia,
que nos acaba día a día.

Nací en la Isla del Muerto Parao,
La tierra del legendario chupacabras,
Una bella isla en la que merodeaba
una pantera fantasma.

Donde habitan extrañas criaturitas
en los contadores de las residencias
que aumentan el consumo de la energía,

El paraíso, donde llegó primero el Mesías,
acompañado por Barrabas,
! Y ni Dios lo podía sacar!

El territorio, donde un alacrán fue enjuiciado,
ante un foro federal.
Donde un Caballo Blanco casi pierde un ojo
por culpa de un presidente.

El país, donde el Ivu reina
y se venera al Bono chatarra.
Donde hasta los pichones estudian leyes
y existen enanos intelectuales en el gabinete.

Donde una legislatura pirata
lucha por sacar galeones del fondo del mar.
y legisla para cambiar el color de su bandera.

Un pueblo al que se le da a tomar,
una medicina amarga,
que no mejora su condición.

Donde una junta de "Estabilización y Construcción,"
desestabiliza y arruina a todo un pais.

Donde los menos agraciados se tienen que conformar,
con mirar yates lujosos y jugar la loto,
porque "such is life"
donde la legislatura paga
con sus dietas el champan,
y los pobres comen whopper
con la tarjeta del pan.

Donde la fuerza de choque es movilizada
para dialogar con la desobediencia civil

Un pueblo que se lamenta,
pero se desahoga con una fría en la mano,
y perreando en el próximo festival.

Y que no comprende aquel viejo refrán:
"El QUE NO LLORA (protesta, marcha, mueve su cu-cu) NO MAMA"
¡ Es la isla que Millhouse gobierna!
y en donde los muertos no se acuestan . . . .

Soy de la tierra del ay bendito!
La del eterno velorio,
En donde entre jolgorio y lamentos
de bipolaridad pueblerina,
vamos murmurando
¿Que nos pasa Puerto Rico?

¡Aun así hay esperanza! . . .
La cosa no se atora,
Nuestros muertos ya están de pie
O sentaos en la motora,
solo les falta, despertar,
resucitar, seguir caminando . . .

-Cuatro-

Las gárgolas y las pruebas de drogas:

La siguiente vez que fui a ver a Chencha fue casi a finales del 2010. Los viejos se habían tomado un descanso del análisis noticioso, por recomendación medica. El 2010, comenzó y termino con una incidencia criminal mas alta: masacres, violencia domestica, revueltas en la Universidad de Puerto Rico, enfrentamientos de la Policía con los estudiantes y el caso del terrible asesinato de un pequeño niño en Dorado. También hubo 78 ancianos muertos en las carreteras por negligencia de los conductores.

Y como se ha convertido casi en una tradición, que en medio de las crisis, surjan historias de misterio, en nuestro pueblo: como la del famoso chupacabras, el vampiro de moca, o la Pantera de Caimito. Me contó Chencha, que en esos días, Chemo, el Alcalde de Canóvanas, había dejado de perseguir al "Chupacabras" y andaba detrás de otra misteriosa criatura: la gárgola.

También me dijo sobre las pruebas de drogas, a las cuales fueron sometidos todos los legisladores. Un día llegó el laboratorio rodante al Capitolio y todos hicieron fila, ofreciendo un valeroso espectáculo al estilo de los héroes de marvel.

Cuando le pregunte a Chencha su opinión sobre las pruebas de drogas, no vaciló en decirme que eran absolutamente necesarias. A juzgar por los proyectos que someten algunos de los legisladores, que parecen que se les ocurre en medio de uno de esos viajes, tú sabes (me dijo con seriedad).

En cuanto a las gárgolas, me dijo, que el extraño pájaro fue visto en varios pueblos de la isla, al igual que ocurrió con el Chupacabras y luego con la pantera, de Caimito, que le quitó el sueño a muchos.

Ahora dicen que hay otros alcaldes, que se han unido a la investigación, del misterioso animal, a solicitud de varios ciudadanos aterrados con la gargolita.

Le pregunté a Chencha, su opinión sobre el asunto. Y no tardó en contestarme: yo creo que la gárgola, debe ser uno de los políticos de este país, que se ha transformado en esa cosa, cuando le dio alguna pataleta, (algo así como le sucede a Hulk) polque dicen que la última vez que la vieron, estaba encaramá en la cúpula del Capitolio. Y que yo sepa, solo dos personas en el mundo son capaces de esa hazaña: una es el hombre araña y el otro es Tito Kajack. Aunque pensándolo bien, puede ser una nueva forma de protesta de don Tito o de los encapuchados de la universidad, que no quieren que los identifiquen y por eso se pusieron el disfraz de gárgola.

Maldeamores y momentos malox de Chencha:

Traté de cambiar el tema de la conversación, desviarla un poco de lo que sucede en el país, porque me percate de que a Chencha, se le estaba descontrolando el mono. Le pregunté nuevamente sobre su vida, y de sus "maldeamores".

-Ya me habías hablado de Florencio, con el cual te fuiste a vivir siendo casi una niña a los Estados Unidos, en la década de los 50. Fueron muchos los puertorriqueños que al igual que tú emigraron en esa época, buscando mejorar sus condiciones de vida. Igual está sucediendo ahora. Dicen que alrededor de 300,000 boricuas se han marchado, según el censo del 2010. Lo mismo sucedió en las décadas del 80 y del 90 con la diferencia que a estas ultimas emigraciones las llaman "las fugas de cerebros" porque hay mucha gente bien preparada que es la que está emigrando, ¿lo sabías? . . .

-"O sea, que nos estamos quedando "descerebrados" acá en la isla. ¡Ya me lo imaginaba! (comenta Chencha, y yo comienzo a reírme).

-bueno, cuéntame que pasó con tu segundo enamorado?

Hipólito era un tipo raro: flaco, enjuto y orejón. Tenía el pelo largo, ya casi blanco, enmarantado. Usaba una banda en la frente y se ponía camisas de estampados floreados con mahonés desgastados. Era algo así como una extraña combinación de Mark Anthony con el tio cosas vestido de hippie. (Tuve que reírme, otra vez, por tal descripción).

Polito le ofreció villas y castillas. Un "junte con privilegios". Claro esta, el era libre de hacer lo que le diera la gana con ella. Abusaba de ella, pero que Dios la librara a Chencha de iniciar otra relación con alguien más . . .

(Nuestra conversación, sobre Hipólito, se vio interrumpida, cuando vio pasar a Vitorino, el macharrán de los viejos del centro, y me dijo con esa picardía, natural en ella) "!Ave María, se acaban y no los pruebo!"

-No me digas, ¿otro enamorado? Oiga, usted se las trae, quien lo diría, con esa carita.

-Ay mija, lo que pasa es que yo tengo la cara de pendeja mejor administra de este centro.

Me contó que conoció a Vitorino, cuando solía ir al "club de viejas alborotadas" de Bayamón. Lo vio con su guayaberita blanca, alto, flaco, pero fuerte como los viejitos de la película "Cocoon" (así se lo recomendó el doctor).

Luego, se lo encontró casualmente, en una fiestecita que les hizo el alcalde, a los muchachos de la Edad Dorada. Aquel día, él la saco a bailar, al son de la música de trío, aquella canción titulada "Bajo un Palmar", que decía: "era, que estabas preciosa, con el color de rosa" . . .

Se acuerda del piropo, que le dijo al oído mientras bailaban, "tú no serás el avemaría, pero estas llena de gracia.". Y ahora, si la dejan, sería capaz hasta de inscribirse en el concurso de "Las Novias Histéricas" que tienen en la televisión, para tener una boda por todo lo alto, con Vitorino.

Esa es otra de sus características; le gusta llamar a los programas de la televisión, para participar, como ese de tu "momento Malox" (no lo hubiera creído, sino la escucho). En ese programa que es a la hora del almuerzo, motivan a la gente a contar en vivo y a todo color y vía satélite, alguna situación que le haya provocado retortijones estomacales (Chencha, lo llama "diarreas de abanico") a cambio de un frasco del producto. Y ella sí que tiene muchos momentos Malox en su vida que contar.

Retomando el tema de don Hipólito, el segundo marchante que tuvo, me dijo, que eso ocurrió hace más de veinte años.

Le pregunté qué había pasado con él.

Me acuerdo con la seriedad que me contó que "Polito" (Hipólito) le mató el "amol". Aquel día que ella regresaba del colmado, con los ingredientes para hacerle una "sopa de rabo encendío" y la que quedó encendía, fue ella . . .

Tremenda sorpresa que se llevó, cuando vio a Polito sentado muy campechanamente, con las piernas sobre la mesita de la cocina, cortándose las mugrosas uñas de los pies, sobre el mantelito blanco bordado. Chencha se puso como un" guabá". Esa fue la gota que derramó la copa, porque, también me contó, que una noche Polito llegó tarde y con hambre y abrió la nevera y se comió media cacerola de habichuelas blancas, que había sobrado del día anterior con la mitad de un aguacate, sabiendo que tenia problemas con su vesícula. Aquello fue Troya, recuerda que estuvo toda la noche, despidiendo unas ventosidades, explosivas y pestilentes, que asustaron hasta el perro. Chencha lo sacó del cuarto y también de su vida, pues se separó de él por diferencias irreconciliables.

ALABALO QUE VIVE:

El tomar esa decisión, no fue fácil para ella. En esos tiempos, Chencha, asistía a la iglesia del señor que castigaba, sin vara y sin fuego, pero castigaba. Y hasta la depilación de las piernas podía llevarla a perder su alma en el infierno (¡porque el señor solo mira la belleza interior!). Pero Polito que no era ciego, ni mudo, insistía en lastimar su autoimagen, diciéndole que sus piernas pelúas "eran como las patas del juey zambuco". Mientras él admiraba el Brazilian Wax de la vecinita del lado, y decía, "a mí que me lleve el diablo".

Tampoco entendía, pero sabía que no era nada bueno, cuando Polito le decía "Mujer, tú en la luna morirías asfixiada, por la falta de gravedad". Se acordó que cuando le decía eso, él miraba sus enormes y caídos pechos, que ya casi le llegaban al ombligo. (¡Y eso que jamás usó el brassiere vibrador "Bustomax" para el agrandamiento de pechos!). Pero ella no se quedaba atrás y le respondía: "tú vas a tener que usar un sostén, pa que te recojas las coladeras esas, que tienes entre las piernas".

Cuando me mencionó el tema de la religión, se acordó de tantos cuentos cuando asistía a la iglesia del señor. Me contó una de las innumerables anécdotas, antes de "irse al mundo" como dice ella. "la la historia del alacrán negro".

Fue aquel día en que un grupo de hermanos y hermanas de la iglesia, se fueron a orar en lo alto de un monte, para estar más cerca del señor. Cuando estaban todos arrodillados, en comunión, rompió el silencio la voz agitada del hermano Agapito pidiendo a las hermanas que se taparan los ojos. Hubo momentos de confusión. De momento, vieron que los pantalones junto con los calzoncillos a cuadros de colores del hermano rodaron por el piso, ante la mirada atónita de las hermanas. Y una cosa grande y pelú a (como diría Susan Soltero), salio de entre la ropa. (Era la primera vez que Chencha veía una cosa como aquella). Los hermanos corrieron a aplastar al animal. Mientras que las hermanas, estaban a la expectativa, de saber si el alacrán había picado al hermano (ya tú sabes dónde). Luego de un rato, y para gloria y honra del altísimo y para la tranquilidad de las féminas, Agapito, salió gritando !Alábalo que vive!

Volviendo al tema de Polito, me dijo que le había perdonado todo a ese hombre. Desde tener que lavarle los calzoncillos chillaos, las turcas que se daba los fines de semana, hasta los cuernos. Ella cantaba la canción de la unión familiar "que me las pegue pero que no me deje" . . . Ese era su lema, hasta que se cansó y empezó a amenazarlo con irse de la casa. Pero él en medio de su "jumeta" le contestaba: "puedes irte cuando quieras, porque falta no me haces" . . .

No fue hasta muchos años después que Chencha pudo comprender el verdadero origen de sus problemas con Polito. El, por su parte, nunca entendió que sus constantes cambios de humor eran causados por el demonio de la menopausia. Se quejaba de que ella no lo dejaba ni dormir, arropándose y desarropándose toda la noche, por los calentones que le iban y le venían, a causa del desmadre hormonal, que amenazaba con convertirla en la hermana gemela de "Hell boy". Polito, observaba cómo se le iba enrojeciendo la cara, el cuello y hasta el pecho. Y le decía: "tienes el diablo por dentro".

El chaca-chaca, figuras públicas y el club de viejas alborotadas:

Fue viendo ese show ¿Quién tiene la razón?, con la doctora Nancy "chaca, chaca" Álvarez, al cual ella es adicta, donde se enteró, que es en el cuarto, donde está la verdadera raíz de nuestros problemas y de nuestras insatisfacciones de la vida diaria. Allí comprendió por qué es importante hacer el chaca-chaca, más de siete veces por semana. Pero, también, se dio cuenta de que Polito nunca hizo buen uso de su "tripita" porque no es lo mismo, chiquito y juguetón que grande y bobolón. Se entero, además, que Polito fue siempre eso que la doctora llama un "analfabestia emocional", por todo lo que le había hecho en su vida. Que estaba feo para la foto y peor para el video. Pero que si hubiera sido un George Cluni se lo perdonaba todo. Pero él era un palo de escoba disfrazado de hombre.

Cuando por fin se liberó de él aprendió a quererse y a respetarse a sí misma. Comprendió que "más adelante vive gente y en casa de concreto".

Por eso fue que se metió al" club de las viejas alborotadas" y en una jira que hicieron las viejas, conoció a Vitorino. El también estaba sólo y en busca de algo que valiera la pena. Aunque, posteriormente, le confesó a Chencha que le asustaban las viejas alborotadas. "Ustedes se ponen peor que una de 15, cuando se enamoran y le caen encima a uno como una chincha" (le dijo un día). Pero Chencha aprendió en el programa de la doctora, que la mujer tiene que darse su lugar. Que una no es una alfombra, pa que la estén pisando.

Vitorino, la quiere tal cual es. No le importa que ella esté entradita en carnes. Y le canta: "Lo mío son las gordas, bom-bom—bom-bom" (las que se jaltan en McDonald). O si no el merengue que está pegao, "a las mujeres les gusta que le abran el pan . . . para qué? . . . para ponerle el hot dog". Sin embargo, no quiere ningún tipo de compromiso ni matrimonio.

Parece que los hombres en general, vienen de Marte, como dice un libro que la doctora menciona en el programa. (Me dice y vuelve al tema de Hipólito). Por eso era que Polito, se pasaba encuevado y encapsulado to el día. No solamente los martes sino también los lunes, miércoles y jueves. Pero de viernes a domingo, se iba de rumba, bebiendo ron sin bañarse y cuando regresaba, rumiaba todo el día. Porque parece que ese es el idioma que hablan los machos en Marte y que Chencha, obviamente, no podía entender por qué ella es de Venus (de donde dicen que son todas las mujeres) y allí se habla un idioma diferente. (No en balde ellos se pasaban como el perro y el gato).

¡Tantas cosas que ha aprendido con la doctora! Que le gustaría que hicieran un programa especial, donde se analicen los problemas que tienen en la intimidad algunas figuras públicas de Puerto Rico. Que deben ser muchos. Por ejemplo, ese Representante que se fue de viaje pagado con dinero del pueblo y después resulta que estaba como si fuera en el Happy Hour de la esquina.

Dándose tragos y tratando de "besuquial" a una mujer. Quedó feo pa la foto y peor pa el video, cuando le agarró la cámara. Algo bueno tenía que tener eso de la globalización. Y el otro casito, el Thriller de Farinacci, que ya le ha robado las portadas hasta a Maripili y al Chuchin, en estos meses.

Y ahora vamos a seguir con la saga de las pruebas de dopaje en el capitolio, que fueron interrumpidas por el caso de Farinacci. Polque mucho se ha hablado en este país de la Maripili, pero yo quisiera saber qué es lo que tienen en la cabeza esos hombres. Y ese otro, el Macho Camacho, que se hizo un tatuaje de un unicornio azul en su miembro. (¡A propósito, tengo que ir a comprar la revista volando, porque dicen que se ve clarito, el unicornio!) ¡Que el Señor me reprenda! . . .

¿Te enteraste del alcalde ese, que le dicen Wicho, que el "Fei" dijo que es un enfermito, porque dicen que se pasaba agarrándoles los "yistros" a las mujeres en la alcaldía? ¡Jesús magnifica! Yo que pensaba trabajar en el municipio . . .

También salió en estos días, que ese actor Osvaldo Ríos, le mandó una foto por el celular a la esposa, en la cual él estaba "ernú" en la pelota, y no se sabe ni como la foto parece que fue a parar a otro celular. Y al hombre se lo ha visto el mundo entero. Yo estoy esperando que me llegue el email, para verlo mejor polque en la tele no lo presentaron completo. ¡atrás Satanás! . . . nada, que después que Elvis Crespo, se pintó la carita, debajo de la frisa, en aquel avión, cualquier cosa podemos esperar.

Tal vez, analizando todas esas conductas, podamos entender, lo que día a día le están haciendo algunos políticos y artistas a esta isla. Pero no me imagino al Hitler o al Gato Persa, "estartiando" cuando la doctora le pregunte: ¿Cuántas veces al año hacen el chaca-chaca? O si saben hacer buen uso de la tripita polque no es solamente levantar el mallete y pretender resolver los asuntos del país a martillazo limpio o a pata limpia, como dijo el Gato que iba a sacar a los estudiantes de la universidad. Y a los pocos días de haber dicho esto, estaban los encapuchados a palo limpio con los carros de la guardia de seguridad, que habían contratado pa precisamente darles palos a los estudiantes. Y es que desde hace algún tiempo pa acá, así es que se está bregando con los cosas en el país. Y en eso si que no han escatimado en la yupi: la fuerza de choque, la guardia de seguridad, etc. Y mientras, los criminales, bien, gracias, campean por su respeto, masacrando a la gente, acabando con lo inocentes, ya mismo en lugar de la Riviera del Caribe "vamos a ser el Mausoleo del Caribe" . . .

Pero lo peor de todo es que estamos insensibles, nos estamos acostumbrando a la violencia. Parece que el respeto y los valores solo aparecen en la campaña del gobierno. Con el lema ese de "se puede ser fuerte sin agredir" y "tus valores cuentan" y yo me pregunto, cuando el "Terminator II" dijo que iba a sacar a patadas a los estudiantes que hicieran huelga en la universidad ¿cómo le llaman a eso y ¿cuáles son los valores que cuentan?

¿De dónde sale tanta violencia?, se pregunta Chencha. Luego sigue argumentando: Si los indios nuestros eran pacíficos, según me cuenta mi vecinita, que está estudiando la historia. Eran un canto de pan, yo creo que por eso abusaron demasiado los colonizadores españoles. Á veces usaban y que unos polvos mágicos, que se llamaba "cohoba" y se iban como en un viaje, hasta hablaban con los árboles. (Yo creo que todavía deben quedar de esos polvos regaos en el ambiente.)

-Cinco-

el sueño de Chencha:

Un dia fui á visitar á Chencha en su casita.

Estaba en el balcón, sentadita en su mecedora, y enseguida me saludó. Estaba bien "empolvadita", y le dije, "estas como la cucarachita Martina, ¡ah!", y me contestó, "aquí esperando que aparezca el Ratoncito Pérez". A pesar de su buen humor, la encontré algo cambiada. Hasta me sorprendió, cuando le pregunté si el fin de semana iba a ir a las ventas "Raja Tabla" del Centro de Convenciones, y me dijo que no, que ya ella tenía todo lo que necesitaba y más.

Fui a verla, porque cuando la llamé el día anterior, insistió en que tenía que contarme un sueño que tuvo. Dispuesta a pasar el día completo, porque sé que cuando Chencha se monta en tribuna, hay que darle una para que hable y 20 para que se calle. Me adelantó que tuvo una revelación. Que el mismísimo Dios, se le apareció en el sueño. Que al principio, estaba tan asustada, que creyó que un extraterrestre, se había apoderado de su mente, como en la película esa "Inception", que el tipo se roba las mentes de la gente. (Dios no permita que en este país, los pillos vean esa película, me dijo).

Me contó que en el sueño le hablaban dentro de su chola, y que la voz se escuchaba como el eco en las Cavernas de Camuy.

Les relataré el sueño, tal y como Chencha me lo contó, con todos los detalles y hasta con los "momentos Malox.". Con todos los desvíos de otros temas, y cosas que le venían a la mente, porque así es ella, pasa de un tema, a otro, como cuando uno agarra el control remoto y sigue cambiando los canales (como en la película "Click"). Un poco compleja de entender, como la novela de la una de la tarde, pero es tan divertida y variada a la vez como la programación de One Link.

Me tomó mucho tiempo que me contara el sueño. Note que algo pasaba con su memoria, pero no me importa, la amistad con el grupo de ancianos, me ha enseñado que amar, es también saber escucharlos. Y ellos son felices de tener a alguien que los escuche.

Esa noche hacía mucho calor. Chencha, se acostó como de costumbre, luego de ver a "Pedrito" (Rosa Nales), refiriéndose al reportero de la televisión de manera familiar. (Y es que muchas veces ese aparato, se convierte en la única compañía de los ancianos, y las figuras de la t.v. en su única familia).

Me confesó con cierto arrepentimiento que se había atragantado un combo agrandado del "Double Bacon Cheessy Burguer" con papitas, refresco y un Sundae de caramelo con un Hershey Pie. Claro está, sin olvidarse de tomar la "Vitoryn" para bajar el colesterol y los triglicéridos, y el "Glucotrol" para controlar los niveles de azúcar. Y sobre todo, dándole gracias a Dios por la nueva legislación, que no discrimina contra los ancianos que reciben el pan y ahora les permite alimentarse también de whopers, papitas fritas, pollo y pizza sin tener que sacar el efectivo de 25% de la tarjeta de la Familia. Y ahora no tiene que preocuparse, porque con la nueva reforma reformada de "Mi Salud" no va a tener que esperar por un referido, cuando le suba el azúcar y le dé un "yeyo".

No recuerda si estaba todavía dormida o no, pero la cama empezó a dar vueltas y vueltas cada vez más rápido. Primero, creyó que se estaba mareando (como esos "soponcios" le dan a menudo, sobre todo después de un atracón como ese). Luego, pensó que era un terremoto, como el de 5.2 que se sintió el año pasado. Ella se llevó un gran susto, cuando vio que la ropa en la percha se movía de un lado para el otro. Pero era más bien como la tromba marina que hubo en Mayagüez y que se llevó la torre del parque, el mismo día en que empezaron a celebrarse los juegos Centroamericanos. Como si fuera un presagio del despelote que se formó después durante la transmisión, el día de la inauguración de los juegos.

Chencha sintió que su cuerpo se elevaba en la oscuridad, y seguía subiendo y subiendo como una chiringa, dentro de un tubo que chupa. Sentía temor, y exclamó: ¡ahora sí que me está chupando la bruja! Hasta que una voz potente, pero tierna le habló en su mente y le dijo: "no tengas miedo, estás en las alas del viento." Cuando la voz le habló todo cambió dentro de ella . . . Sintió como una gran calma, que le recorrió por todo el cuerpo.

Chencha, ni siquiera se sentía desnuda, aunque estaba en pelota, pues ella siempre duerme tal como Dios la mandó al mundo, por el vaporizo que se mete en las casitas, cercanas a la playa. Aquella voz la hizo sentirse segura, confiada, mucho más que las nuevas toallitas con alas, o que las cerraduras marca Toledo. Por primera vez, Chencha, no siente miedo, ni ansiedad, ni preocupación, a pesar de lo extraño de este suceso. Se sentía cómoda, liviana como si estuviera "espatarrá" en una "Comfortpedic". Sosegada, como sumergida en una gran paz, que supera todo entendimiento. Protegida, como el feto dentro del vientre materno.

No sentía, el mono desbocado, que se le quiere salir por la boca, como le pasa a finales de mes, igual que le sucede a Pipo, el de Cayey, que ahora no tiene ni pa chuparse un limbel. O cuando tiene que decidir si hace la compra o paga las medicinas. (porque Walgreens y C.V.S. no fían). Además, dice ella, cuando uno va a Wolgrins! no piensa solo en medicinas! . . . De hecho, Chencha se desvía otra vez de la narración, para comentar, que le llama la atención, la proliferación de farmacias CVS en el país. Antes me decía, en cada esquina en Puerto Rico, había un Wolgrins, ahora en cada esquina de Wolgrins, hay un CVS. (Como Vamos Subiendo).

Le recordé otra vez el sueño, y continuó diciendo que todo se obscureció y muchas de las ultimas experiencias de su vida, junto a grandes emociones desfilaron por su mente. Como el pugilato, que sintió a solas en la caseta de cartón, el día de las elecciones. Uno de los peores días de su vida (el tin, Marín, de do pingüe, de por quién votaré y de tener que decidir quién le roba menos al país).Cuando le retumbaba en su chola, aquel anuncio que decía si "votas por Fortuño, Fortuño te vota a tí". O aquel otro, cuyas palabras llenas de comprensión le recordaban al hermano Geraldo, el domingo en la iglesia . . ."Yo sé cómo te sientes, cuando no puedes pagar el agua o la luz" . . .

O el terror que sintió, aquel fatídico día en que fue asaltada y secuestrada en el estacionamiento del Supermercado Pitusa, cuando la llevaron a otra sucursal lejana y la obligaron a retirar hasta el último peso que tenía. Desde entonces anda con una navaja dentro de la Biblia, y también practica el tiro al blanco. Recordó las últimas veces que tuvo que pasar por una acera de Río Piedras y se imaginó que la Policía la emprendía a macanazos contra ella, creyéndola parte de un motín y que la agarraban por sus partes. O como aquel otro día, en aquella parada solitaria de la Fernández Juncos, cuando el loco le mostró su trompa de elefante. A ella no le dio tanto miedo por ella, sino por aquella muchachita, que no era tan nena (tenía como 40) pero era como retardadita. Ahí fue que Chencha se "emverijó", y hasta se le hincharon los ovarios, y le dijo: "¡Que porquería tienes ahí, cosas mejores he visto yo, canto e sucio", y empezó a llamar a la Policía y a darle sombrillazos a diestra y siniestra al hombre.

También, pasó por su chola aquel día que fue a la Telefónica porque llevaba meses sin teléfono, debido al robo del cobre de las líneas telefónicas. Que por cierto, (dice Chencha, desviándose nuevamente) leí en el Vocero que están enmendando la ley para convertir el robo de cobre en delito grave. ¡Como si eso fuera a arreglar el problema! Poco le importa al que lo hace si es grave, o gravísimo, con el "enyoye" que tienen, qué van a darse cuenta. A los que tienen que meterle mano, es a los que se lo compran, sabiendo de donde viene. Que son tan delincuentes o más que ellos, que no saben a veces lo que hacen. Pero nadie les mete mano en este país a los negociantes inescrupulosos.

Como te decía, cuando llegué a la Telefónica, aquello estaba "choreto" como si el mismísimo "mister Cash" o don Slim, estuvieran allí repartiendo billetes, celulares o laptops. De momento, a una doñita de la tercera edad, que llevaba rato despotricando contra el gobierno (parece que se le olvidó que don Gallo vendió la Telefónica hace mucho tiempo), cansada de esperar en aquella fila y pidiendo un trato preferencial para los ancianos (para lo cual existe una ley en este país). Ante el asombro de todos, sacó aquel bastón de metal (como si fuera un ak-47) y la emprendió a golpes contra un escritorio. Allí estaba sentado un joven que era el que atendía al público. Demás está decirte, que el muchacho se levantó como un petardo. Entonces si te digo yo, que se armó un "salpafuera" y tuvieron que llamar a seguridad.

¡Ay bendito! Si a ella esto le parece horrible, decía Chencha, se ve que no sabe la diferencia entre "horrible y horroroso" (acuérdame explicártelo, otro día) . . . ¿Tú has pasado últimamente, por la Oficina de Acueducto de Bayamón, o por el Registro Demográfico? ¡Que la oficina queda en un segundo piso, pero la fila llega hasta el expreso!

¡Hay que vestirse de paciencia! Total que uno vive toda la vida esperando. ¿Cuál es la prisa? ¿Para dónde vamos? Pa viejos y pal hoyo . . . Para nacer hay que esperar nueve meses y algunos vienen tan "esmandaos" que nacen antes de tiempo. Después en el diario vivir se pasa uno también esperando: que si en la fila del colmado, en "Wolgrins", en el banco, en el correo, en la parada de la guagua o en los tapones. Y tu ves a la gente colándose en las filas, o hablando por celular (tal parece que no podemos estar un rato ni con nosotros mismos). Ni se diga de esperar en el consultorio médico. Que uno va polque le duele una uña y después de estar esperando todo el día sentado, sale uno con el cuerpo todo entumecido, y peor de cómo entro.

Algunas esperas son más largas, como los que esperan a que lleguen las vacaciones pa poder descansar, polque tienen dos y tres trabajos para poder empatar la pelea. Otros lo que esperan es pegarse en la loto, para no dar un tajo más en su vida y otros están esperando a que crezcan los nenes para hacer esto o lo otro. Y cuando crecen, se dan cuenta, que era mejor cuando estaban chiquitos. Pero cuando se van de la casa, una siente ese vacío. Antes yo peleaba con ellos, polque dejaban las medias y los tenis apestosos en la sala y ni se diga del reguero que tenían en los cuartos, la ropa por dondequiera y el "hamper" vacío. Después empecé a llorar, polque por primera vez en mi vida, veía los cuartos recogidos y limpios, pero vacios. ¡Así es la vida! pero como te decía, algunos esperan a coger la pensión . . .

Y hablando de pensión, los que no tienen que esperar mucho pa recibirla son los jueces, que están bendecidos en este país. Que a veces en ocho años, ya tienen su pensión Cadillac. Y cuando se mueren, la familia recibe esos beneficios. Mientras que los maestros tienen que esperar 30 y a veces hasta 40 años pa recibir una pensión bicicleta, que no les da ni para pagar la egida. ¿Dónde está la Justicia? Que algunos salen hasta "craquiaos", y no es para menos, después de bregar con tanto muchacho desinquieto en este país. ¡Cristiano tú te imaginas lo que es tener 30 muchachos metidos en un salón!

¡Que si son como era Angelito, el nieto mío, pobre de ellos! Que a ese la madre le compraba el cofre mágico todo los días. Yo le decía: dale arroz y habichuelas a ese muchacho. La aconsejaba por el bien del muchachito, pero ella me consideraba una "Monster in Law". lo jaltaba de nuggets con papitas y refresco. Y después por la noche le "sampaba" un vaso de quick de fresa. De merienda, le mandaba un Hawaian Punch con una bolsa de Chitos o de Doritos. Y pa completar, en el comedor escolar le daban en ese tiempo burritos y pizzas polque eran y que saludables. (parece que la pirámide alimenticia la viraron "patas arriba") Y a veces por la tarde, ella lo llevaba al "Baskin" y le metía dos bolas de un mantecado azul, casi violeta. Que cuando el nene hacia caquita, parecía que había expulsado al mismísimo Papa Pitufo en el toilet. Y uno corriendo pal pediatra, polque no sabía la causa de la caca "pitufina". Pero lo peor de todo, era que después estaba ese muchachito que el hombre araña, era un pellizco de ñoco, al lado de él.

Con decirte que una vez, lo dejé en el cuarto jugando Nintendo y a los cinco minutos, ya me estaba llamando la vecina que el muchachito estaba encaramado en el techo de la casa. Pa bajarlo de ahí por poco tenemos que llamar a los bomberos. Otro día se puso a prender velas debajo de la cama y casi me quema la casa. Terminaba siempre llenándole la piscina plástica de agua pa tranquilizarlo. Me acuerdo, bendito, que se metía al agua bien contento y me decía: "Aguela, esnúate y métete conmigo a jugar". Y yo sampaba mis nalgas en aquella palangana (lo único que me cabía) . . . porque si no, era capaz de "sumbarme" a Wilito, mi gato, al agua y pobre de él. ¡No en balde dicen por ahí, que la vida de padres, es una vida caóticamente, hermosa! Y la de los abuelos, ¡ni se diga!

Ese muchacho cuando nació era jincho y rubio. Parecía un americanito. Me acuerdo que cuando yo le cambiaba el "pamper", le preguntaba: ¿pa quien es ese pipi? Pa las nena, le decía. Por eso yo creo que salió tan enamorado.

Después, en la adolescencia, le dio con peinarse con los pelos de punta. Se hacía una cresta de adelante hasta atrás en la cabeza, que parecía que tenia la Cordillera Central en la chola. Se la pintaba á veces de anaranjado o de azul. yo lo "tongoneaba" tanto y le hablaba hasta en jerigonza: "el nini de guela" le decía . . . yo creo que por eso el pobre nunca aprendió a hablar bien. Y ahora me dice "loca" cada vez que nos vemos. No quiere estudiar ni trabajar. Yo no sé qué va a ser de su vida.

Hoy en día, hay tanto muchacho agresivo en las escuelas. Pero ¿quién tiene la culpa? Si lo primero que le aconsejamos a los nenes, cuando van a la escuela, es: "no te dejes coger de pendanga", "al primero que te moleste, zúmbale un puño", "el que da alante, da dos veces" . . .

Hay tanto niño y tanto adulto con el "dibidi" ese que le mientan. Mientras sigan alimentándolos con los combos agrandados, el Crispi Chicken, los Mac-combos y las Crispicrim, o con los jugos coloraos y las bolsitas esas, tampoco se va a acabar con la goldura en este país. (Que me imagino la cantidad de combos agrandados del Bacon Whopper, que se habrá mandao en su vida, la presidenta de la cámara, la que le dicen, "la Beiconeitor" que se inventó la Ley pa comprar en los Fast Foods con la tarjeta del PAN). Que yo no me imagino cómo serian las vistas para la aprobación de ese proyecto. Con las partes interesadas, cada cual defendiendo su combo, como caculo patas arriba. Ya mismito, también van a venir en el Programa del WIC a autorizar que le compren su "Happy Meal" a los infantes con esos fondos. (¡Dios se apiade de nosotros y del futuro de este país!).

¿De qué te estaba hablando?

De Angelito.

Ese muchacho se crió del tingo al tango, con el divorcio de los padres. Se la pasaba de casa en casa. A veces con la madre, otras con el padre. A veces conmigo otras con los demás abuelos. No era nada bueno para él. Recuerdo que cuando tenía 12 años, podía dormir parao, porque calzaba 11 y medio de zapato de hombre. El me preguntaba: "abuela ¿porqué tengo los pies tan grandes? "Parezco un fuquin payaso". Yo le decía, no mijo, si lo que pasa es que los pies te crecieron primero, pero tú todavía sigues creciendo, y te vas a ver bien. Y asimismo fue, creció como una palma "lalgo y flaco" y andaba tropezando con to.

Parecía una jirafa con patines dentro de la casa, llevándose cuanta esquina había. Y cuando le salieron los barritos, el pobre se ponía una bolsa en la cabeza, pa que no lo miraran. Tuve que llevarlo a la sicóloga unas cuantas veces.

Después, cuando fue a la High, que eso fue el otro día, se ponía los pantalones donde dice "made in Japan", se le veían to los calzoncillos y dejaba los ruedos como mapo de presidio . . . Desde que llegaba venía con el aparato ese enchufado "el aipot" y uno le hablaba y él en la luna. Después se encerraba en el cuarto a jugar los videojuegos . . . Algunos donde hablaban palabrotas y chorreaban sangre. Yo tenía que confiscarle los juegos a cada rato, polque la madre no se fijaba ni en los jueguitos que le compraba. Por eso ahora es tan normal el echar flores por esa boca. En mis tiempos decirle, cabrón a alguien era peor que mentarle la madre. Enseguida se formaba la pelea. Ahora es como decirle "mi panita". Los muchachos no respetan a los pai. En mis tiempos, uno no podía ni mirar a la cara a su padre cuando lo regañaban, pero ahora hasta le hablan malo. Y si eso es en la casa, no me imagino lo que hacen en la calle o lo que harán y después, las consecuencias de esa conducta. Dice la Biblia "honra a tu padre y a tu madre, y tus días se alargaran sobre la tierra.

Esos juegos violentos poco a poco, les van chupando el cerebro a los muchachos. Es peor que la televisión polque ellos participan en ellos, eso que llaman "interactivos". Son como veneno emburujado en dulce de coco. Como si poco a poco, le fuera entrando un virus en el cuerpo que con el tiempo le revienta la enfermedad y los muchachos pierden hasta el sentido de lo que está bien y de lo que esta mal. Después para completar los pai se pasaban como el perro y el gato. ¡Igual que los políticos en este país, que no dan ejemplo a la juventud!

Cuando yo criaba a mis muchachos, lo único que había era un televisor pequeño en la sala. Cuando llegaban de la escuela veían lo más sangriento que daban, que eran las Películas del Conde Drácula, y eran tan viejas que ni sangre le salía al vampiro. Después jugaban. Por la noche veían a Bonanza, y cuando se acababa el Programa yo les decía: "a meal y a acostarse" y se iban a la cama sin chistar.

Pero . . . ¿qué te estaba diciendo, antes de Angelito?

Estabas hablando del tiempo de esperar . . . a corto y a largo plazo.

Ah, si . . . ¿Sabes tú lo que los Rojos están esperando? . . . a que la "guagua" se acabe de esgolizar barranca abajo pa ellos entonces subir la jalda. Y ahí si te digo yo, que el tubo verde ese lo van a pintar de "colorao". Y la vía verde va a ser la vía colora otra vez.

Y van a venir con la Ley Ocho pa que regresen al gobierno, aquellos que votaron de ocho años pa abajo con la Ley Siete. En Educación van a venir con un programa de juegos de "jacks" y de brincar la pelegrina que desarrolle la coordinación mental y mejore el problema de la gordura en los niños. En la Policía, van a contratar los servicios de Batman y Robín pa acabar con la criminalidad. En Agricultura, van a sembrar matas de billetes y de cupones de alimento. Con la Tarjeta del PAN, también se podrá comprar el vino o el Pitorro artesanal pa acompañarlo. Se le permitirá a la gente comprar su vinito Rioja o su Champán pa que en verdad no haya discrimen. Y "Mi Salud" la van a cambial por la "Salud Tuya" y va a tener una cubierta especial ampliada para la Edad Dorada, que va a cubrir el botox, el restylane y hasta las cirugías plásticas y las bariáticas. Y todos seremos jóvenes, flacos y bellos en este país. Entonces nos van a poner una vacuna, contra el virus de la indiferencia humana, que es lo que de verdad nos está matando. Y van a celebrar el día 5 de noviembre "el día de la Burla" para sacarle la lengua a todo los que se "escocoten" de la guagua. Y la felicidad nos va a llegar como en la botella de Coca Cola "!Destapa la Felicidad"! . . .

Pero volviendo al tema, así seguimos esperando toda la vida, sin disfrutar, sin querer lo que tenemos y queriendo siempre lo que no tenemos. Y como te iba diciendo, otros están esperando por jubilarse, para hacer aquello o lo otro. Después esperan a que les llegue el Seguro Social y cuando lo cogen están tan espatarraos, que no pueden hacer nada y entonces los chavos no le dan para las medicinas . . . y esperan estirar la pata, pero ahí no se acaba todo, no señor . . .

Polque en este país, hasta después que uno se muere tiene que esperar largo y tenido para que lo entierren. Ahí a Chencha, se le ahogó un poco la voz, pues se acordó del día en que su hermano, murió en la calle. "Tendido" en la carretera, esperando por una ambulancia que nunca llegó. Y la familia, tuvo que esperar días para identificar el cadáver y que le hicieran unos análisis. Y la Funeraria, le echó la culpa a Forense, porque tuvo que hacer un turno por otros dos días para poder llevarse el cuerpo. Y Forense le echó la culpa a la Ley siete, que los dejó casi sin empleados. Pero esa Ley fue culpa de la JEREF, que se la inventó y de Fortuño que la firmo, y de los muertos sentaos en la legislatura, que no se movieron para oponerse. Y pa colmo era fin de semana (y en este país, no se puede morir en el wiken" dice Chencha) y entonces le echaron la culpa del ataponamiento de cadáveres, a la alta incidencia criminal, pero la criminalidad es culpa del Jefe de la Policía, "Sancha Panza" y de su plan anticrimen (y Chencha, sigue monta en tribuna) . . .

Y como te iba diciendo, en ese "tejemaneje", estuvimos más de una semana, pa poder enterrarlo. Y después que los estábamos velando, vuelve Forense y se lleva el muerto polque le faltaban más exámenes. Con decirte, que me pareció que al difunto, le creció hasta el pelo, polque yo le noté algo raro en la cabeza. (Y Chencha, no lo dijo directamente, pero la culpa que no es huérfana, llegó hasta ella, pues volvió a recordar la campaña publicitaria previa a las elecciones, y aquella vocecita, a la cual nunca le hizo caso, que le decía, "Fortuño No" . . .

Y mientras su mente iba y venía en el tiempo, con tantas cosas que ella cuenta, (tuve que recordarle lo del sueño y por dónde iba.) Retomó con dificultad otra vez el hilo de la narración y prosiguió diciendo que ese lugar, estaba lleno de luces muy brillantes, como los focos de la cancha, donde pululan por las noches algunos mozalbetes del barrio. Las luces no le permitían ver muy bien, pero le llamó la atención, un enorme reloj dorado, que podía atisbarse de todos lados. Y una larga mesa, donde estaban sentados muchos ancianos (Chencha pensó que la Egida completa se había ido a moral al prado celestial y buscó entre aquella fila de calvas, la de Vitorino). No sabía porqué pero se sentía como Alicia en el País de las Maravillas.

Recuerda una música lejana, que parecía como si fuera el mismísimo Coro de Niños de San Juan. El mar era de cristal y las calles eran doradas y no tenían cráteres. No escuchó en ningún momento el "guatacatapitusberi" ni el "culiti-taca", ni "la vaca", ni "que será lo que quiere el negro", ni mucho menos la "pelúa".

Fue entonces cuando lo vio una enorme silueta dorada, con un libro en sus manos. No podía ver su rostro de tanta iluminación pero escuchó que la llamó dulcemente por su nombre: Inocencia Esperanza.

Por un momento, se quedó muda, "achongaita" pero, luego se atrevió a preguntarle. ¿Quién eres? . . . ¿Dónde estoy?

Para su asombro, él contesto: Tú sabes . . ."Yo Soy" . . . (Y entonces fue que comprendió).

¿Tengo que il a la luz?

NO, no es tu hora, sólo quise tener una comunicación más directa contigo.

¿Y pol qué no te me habías aparecido antes, con lo mucho que te he estado necesitando?, prosiguió Chencha.

Lo he hecho, pero tú no has podido reconocer la señal.

¿La señal? . . .

Si, te explico. Es algo así como la cajita convertidora, la que tienes conectada a la "teve" del cuarto. La que te compraste con los cupones del Gobierno Federal, para poder ver la televisión, en el cambio a la nueva era digital, porque todavía no has podido comprarte los dos plasmitas en las ventas Raja Tabla. Esa cajita, es la que convierte la señal que coge del aire para que tú puedas ver a Pedro y a Normando, todos los días. (Como lo explicaba Otto en los anuncios, ¿te acuerdas? Rojo con rojo, blanco con blanco, etc.) Solo que tu caja convertidora está dentro de ti, en tu mente, es ahí donde conviertes la señal para comunicarte conmigo. Pero tienes que ir al silencio, para estar en sintonía. Porque la señal es débil bajo el bullicio aturdidor de las actividades diarias, de las preocupaciones, de los tapones, de la música estridente, del "tra-tra—tra" y de los problemas y emociones tóxicas de los seres humanos, de los monos desbocados, pero siempre estoy ahí. En otras palabras, como te decía el psiquiatra, ¿te acuerdas? . . . que trataras de aquietar al mono inquieto de tu mente.

¿Ya sabias lo del psiquiatra?

Ya te dije que estoy en tu mente, pero también en cualquier lugar. Tan cerca o tan lejos de ti, como tú quieras estarlo.

Chencha, todavía patidifusa, le dice: esto no es real. El mono de mi mente debe haberse vuelto loco. O tengo otra de esas pesadillas por la "jaltera" que me doy antes de acostarme, o por no hacerle caso al dostor, cuando me decía que no leyera ni escuchara tantas noticias. Fue demasiado para mi Chita, que seguro se guindó de un árbol, por to lo que está pasando allá abajo.

Esto es real. Tú lo experimentas como una pesadilla, pero es tan real, como lo es el IVU, como la Ley Siete . . . (Chencha, interrumpe). Ya veo que estás bien enterado de lo que ocurre allá abajo.

(Y agarra los topos, como si le dieran cuerda).

Ya que lo mencionas, déjame que te cuente Señor! cuando vino aquel Mesías, (no sé si te acuerdas), bajó emburujado entre las nubes y bailando la macarena. ¡Con ese cuerpo peposo! (¡ay Dios, perdóname! pero al Cesar, lo que es del Cesar). Una turba enloquecida lo seguía por dondequiera. Ondeaban palmas y arrastraban pencas por el camino. La multitud cada vez mas enardecida cantaba "dale á tu cuerpo alegría y cosa buena" . . . mientras el, cual Ricky Martin contoneaba las caderas, dejando locas a miles de Magdalenas, que gritaban, como poseídas. Las campañas políticas se convierten en el festival del Espíritu Santo, los políticos hablan en lenguas y la gente cae redonda.

Ese hombre, Señor, vino acompañado como por 40 Barrabás, que saquearon nuestro paraíso terrenal y se llevaron hasta los clavos de la cruz. Muchos de ellos terminaron después crucificados, otros se lavaron las manos y el dinero. Pero á él no le encontraron falta (¡ese sí que tiene una leche!). ¡Perdóname, señor! Luego murió pero resucito como tres veces porque lo iban á buscar.

De ahí para acá hemos seguido á veces jalda arriba otras jalda abajo, por el Monte del Calvario, pero siempre "Living la vida loca" . . . enterrando la conciencia en la tumba del materialismo, culpando á las estrellas de nuestro destino . . .

Después llego la Linda, la que dicen que es la madre de María Magdalena, y no recuerdo lo que hizo, pero nos dejó al Alacrán, polque no tuvo más remedio, ya que el Pollo, que es hermano del Tigre, que son los dos, hijos del Gallo, se huyó, al ver tantos entuertos. Pero ya pa ese entonces, el "despelote" era demasiado grande. Y entonces quedamos al garete, polque el Alacrán, que ganó las elecciones por un pelo, tuvo que compartir la batuta con los azules y decía que "don Primitivo" y otros cavernícolas no lo dejaban hacel "na ni na" y entonces, sin encomendarse a nadie, cerró el gobierno (como si hubiera dicho: "Al carajo los albañiles, que ya se acabó la mezcla"). (!Ay, perdóname, Señor!). Pa colmo "los Federicos" (que son los que de verdad mandan en la Isla), por poco le ponen el mameluco anaranjado, por causa de unos gabanes carísimos que el asesor de imagen, le dijo que usara.

Es que en estos tiempos es importante lucir bien "acicalao", no es como cuando tú estabas en la tierra, que to el mundo andaba con esas "batolas" largas. Ahora hasta los hombres se hacen "el Brazilian wax", como el Prócer del Bentley, o se estiran los pellejos con Rodríguez Terry . . . Figúrate que dicen que los partidos políticos están considerando celebrar el plebiscito de la belleza, antes de tirar a su candidato a la gobernación. Por eso es que los Rojos tienen listo a su candidato, que le dicen "Alejandro el Bello", pero ellos siguen por el camino difícil, subiendo la jalda, y no quieren mirar ni a la izquierda ni a la derecha, mientras los azules se montan en el Expreso 51 o en el "Paribus" . . . Pero como te iba diciendo, después del Alacrán, llegó el "tsunami", con ese "luk" de príncipe encantado, que llenaba todos los requisitos. Y dijo que iba a traer 100 inversionistas para crear 100,000 empleos, y que no nos iba a metel la mano en el bolsillo, y que nos iba a bajar el agua, la luz, el gas . . . y los que quedamos encantados fuimos nosotros . . .

¡Y se lo creyeron! . . . pero sí, eso es parte de las campañas publicitarias. Estrategia política, de decir las palabras que la gente quiere escuchar . . . eso mismito dijeron los Rojos en un anuncio que hicieron parodiando la campaña de Fortuño, donde cuentan su versión sobre la historia de Pipo, el de Cayey, el que ahora no puede pagar el agua, ni la luz, ni el gas.

¡Ay señor, es que ya estamos como "arrebataos" con to los embustes de los políticos! . . .Ya no encontramos salida. Estamos como en un círculo vicioso. Figúrese, (y me perdonas) pero es que ese hombre ha hecho lo que ni tú mismo haz lógralo: "Que el pueblo entero, se arrodille y se arrepienta". Nos ha "atosigao" hasta "jom", con la medicina amarga, ayudado por la Jeref y por el "Gato Persa". (El gato es al que también le dicen el "Terminator II") polque él estuvo antes con el Mesías y fue el que pol poco nos vende hasta la cota" . . . Que ya hasta he escuchado a muchos de los arrepentidos decir, que sin pensarlo dos veces volverían a pagarle al Alacrán los "Armani" . . .

Ahora quieren gastar mas dinero del Pueblo, en una consulta sobre estatus, cuando ya no tenemos ni pa "un limbel" (como bien dijo "Mister Sochislaif", el del Proyecto de Ceiba), que los pobres tenemos que conformarnos con mirar los yates y chuparnos un esquimalito.

Polque el propósito de la consulta, es pedir la Estadidad para Puerto Rico . . . pero que yo me pregunto, si ahora mismo, esos senadores de allá afuera aprobaron esa Ley, que le están echando "fli" a todos los latinos, y a todo aquel que se vea distinto o mas oscurito.

¿Cómo van a querer que un pueblo entero, que aquí, "el que no tiene Dinga, tiene Mandinga" sea parte de ellos? Ayúdame señor a entender gastar tanto dinero y tiempo, ahora cuando hay tanto problema con la Educación, que no hay maestros en las escuelas. Y que quieren eliminar las clases de arte y hasta la de ajedrez. Que a lo mejol las cambien por clases de perreo, que son más saludables, por aquello de que tienen que bajar hasta abajo y de paso ayudaría a resolvel el problema de obesidad.

Estos tiempos en que la criminalidad y la violencia siguen subiendo, polque la Ley del "Macho Man" que impera en muchos de nuestros hogares, también rige a la Policía. La de cállate, o si no, te pateo en las bolas (perdón, Señor) pero eso fue lo que le hicieron a aquel estudiante, en la protesta, que ellos la llamaron motín, pero a lo que ocurrió en la Convención de los Azules, en Fajardo, (que terminó a botellazo limpio) le llamaron "Confraternización Juvenil". O como cuando les impidieron a los periodistas entrar a las gradas del Capitolio.

Estos tiempos donde hasta nuestro ambiente, está en peligro . . . con eso del Tubo Verde, que con lo que va a costar debe llamarse "el tubo de oro", y to pa que en el 2014, si acaso, te vengan a bajar diez pesos en la factura de luz, si es que no hemos explotado antes como un "siquitraque", como pasó en Río Piedras o en California, polque en este país no se le da mantenimiento a nada. Figúrese lo que pasó con el huracán "Erl", que estaba a 140 millas, y la mitad de la isla estuvo sin luz por más de una semana. También quieren aprobar un proyecto para permitir la construcción en el Karso . . . , cuando está la casa "choreta" sin vender por donde quiera . . .

Pero el país parece más interesado en los "boyetes" de la vida personal de Maripily, que son como el cuento de nunca acabar. O con las entrevistas que le hacen al Chuchin ("que él jura que acaba y que está bien bueno"), hasta se cree parte de la Farándula. O con la vida y obra de Junior Cápsula , Ángelo Millones o "Papo Coca" "guarever sea" o con la moña pará del traje de miss Universo.

Ese hombre, (la Capsula), me acuerdo que hasta tuvo el descaro cuando lo atraparon, de robarse una frase de las tuyas "yo soy a quien buscan". Pero que bien pudo haberle dicho mister "Sancha", que también se llama José Figueroa, como el susodicho. Que ahora la moda parece ser lo Bíblico, polque el "León Bizco", que es el que dicen se va a tiral despés del tsunami, le llamó en una ocasión María Magdalena a una senadora, aunque fue con intención bíblica equivocada, pero lo dijo . . . este pueblo ya no aguanta más. Parece que nos han azotado las siete plagas del Apocalipsis: La Ley 7, los 70 Ivus, los proyectos al "guipi-pio", los 40 Barrabas, los desastres naturales . . .

¡Son tiempos de panzas grandes y esfuerzos chiquitos! Polque hay que ver lo alimentados que están, se gastan un millón en dietas en menos de un año y en plena crisis económica. (Que Dios los lleve a pastar, digo a comer a lugares más baratos, o por lo menos que manden a buscar fiambreras).

Hasta escuché decir que algunos legisladores, se van en un viaje, y cualquiera lo pensaría, a juzgar por los proyectos que se inventan, como: el proyecto de las sabandijas, que fue traducido al inglés, polque nuestras cucarachas tienen que prepararse pa la anexión. Que me imagino que lo propio hará el Departamento de Educación, traduciendo; Martina,the Cockroach o Pere de Mice, (que yo no sé decirlo bien polque hace poco empecé con el curso "Aprenda hablar en inglés, leyendo en español". O el Proyecto que prohíbe comel en la playa (¿a quién se le ocurre con lo "estragao" que sale uno, después de un chapuzón?). O el proyecto ese de proclamar el 7 de octubre,

"El día del Buen Trato" . . . que se le ocurrió a la legisladora pirata, (que fue la misma del proyecto de sacar los "Galeones" y de ponerle pantis a las presas, que yo no sabía que las pobres tenían tanto calor). Parece que el resto del año la gente puede "jaltarse a pescosá", como hacen ellos que no se aplican el cuento . . . que a cada rato forman una garata en el Capitolio.

Que ahora me imagino que en el día del Buen Trato, hay que tratar bien al delincuente. Si lo asaltan a uno, hay que ser cortés con el pillo y decirle: ¡Buenos días, señor ladrón! ¿Cómo está su madre? Aquí está mi dinero y mis prendas. El carro se lo dejo con el tanque lleno, polque la gasolina está muy cara. ¿Desea algo más? . . . Que tenga un bonito día de atracos! . . . Ya mismo se inventan el Día de la capsula o la Pepa, y se lo dedican a Junior. O sabrá Dios a quien, que por algo es que están haciendo tantas pruebas de drogas, hasta dentro del pelo en el Capitolio. Que ya dicen que algunos políticos, están estrenando el "luk" de Kojac.

Esos mismos políticos, que a veces reparten chavos hasta por bailar hoola hoop, le están quitando los donativos a las organizaciones caritativas y a las Fundaciones que mantienen nuestra cultura, y hasta a los Programas pa nuestros niños con necesidades especiales . . . Son tiempos, Señor, en que hasta el dinosaurio violeta se quiere tragar a Remy y a María Chuzema. Y ni se diga de los asesores de Fortaleza, que están ganando más que los de Obama. Y mientras al pueblo le quitan la leche, ellos siguen mamando de la gran teta . . .

¡Ya es suficiente, Chencha, en cinco minutos, y quedo loco con tanta Tribulación! . . .

Lamentablemente, no puedo hacer nada . . . Eso no funciona de esa manera. No es como tú piensas, yo no tengo nada que ver con esos Mesías, ni tampoco con los desastres naturales. Eso tendrá que aprender a solucionarlo ustedes mismos. Ningún hombre, llámese Mesías, tsunami, alacrán, podrá hacer nada.

Ese es precisamente el problema, que siempre estamos esperando a un Noé, que nos construya el arca, y nos salve del diluvio. A propósito, leí el otro día que un Boricua diseñó una especie de arca, que es en forma de capsula para proteger a la gente contra un tsunami. (Que pena, que no la inventó antes).

Hace rato que les estoy enviando señales para que construyan ustedes mismos el arca. Solo tú misma y cada uno, uniendo sus mentes y voluntades, puede decidir ser parte de la solución, según sus recursos y posibilidades. Encontrando la verdad, mientras puedan y sin dejarse atrapar en las brumas de las apariencias, en los espectros, por falsos profetas, por príncipes encantados, o por estar sumergidos en los mercados, cuando bien pueden sacar a los mercaderes del templo . . . Para eso se les dio el Libre Albedrío . . . ¡si tan solo llegaran a conocerme mejor! . . . más allá del yo, que aparenta ser, en sus mentes. Si comprendieran que Sólo conmigo, el mundo cobra significado y puede seguir adelante . . .

¡Señor! . . . .

Disculpa, Chencha, ahora comprendo mejor por qué te cuesta comunicarte conmigo. Parece que la señal está bloqueada. Ahora sé por qué dices que tienes un mono con un ataque epiléptico en tu cabeza (eso debe ser lo que le pasa a muchos puertorriqueños) en estos tiempos. Por eso te traje hasta aquí . . .

Lo que todavía no entiendo, Señor, es polqué cuando llegué aquí, vi pasar tantas cosas desagradables de mi vida y sentí miedo, tristeza, dolor, ira . . . tantas emociones a la vez.

Eso fue porque entraste por la puerta de la luz de tu conciencia. Por primera vez te enfrentaste con esa criatura detestable, ese "chupacabras" que hay dentro de ti.

O sea, ¿que además de un mono, también tengo un chupacabras en mi chola?

Mono o "chupacabras", da lo mismo, llámalo como quieras.

Pues yo prefiero el mono, se parece más a mí.

Esa criatura se alimenta a través de ti y va agotando tu energía de vida. Se va alimentando por medio del dolor y del sufrimiento que a veces tú misma generas sin darte cuenta.

O sea, que ahora resulta que yo también tengo la culpa de todo el sufrimiento pol las cosas que pasan en mi país.

Muchos sucesos y tragedias son inevitables, pero el permanecer sumergida en la tristeza, en los resentimientos o en el rencor, es una opción tuya. Si miras bien te darás cuenta que con tu forma de comportarte y de pensar estas alimentando al chupacabras, perdón, al mono.

Es muy fácil alimentar al mono de la ira. ¿Te acuerdas cuando te cogieron el estacionamiento en el centro comercial? ¿Que seguiste repitiendo lo que te hizo el joven y lo que serías capaz de hacerle, si no estuvieras yendo a tu psiquiatra? Todos esos pensamientos te quitan la paz y la tranquilidad. Y lo peor de todo, es que ni siquiera te das cuentas que te hace falta paz. Tienes la taza desbordada con tanto pensamiento. No creas el espacio en tu mente para ella y el chupacabras o el mono se sigue alimentando de esas emociones y sigue creciendo y puede convertirse en una bestia, que puede hacerte mucho daño a ti misma o a otros.

¿Y qué puedo hacer, Señor?

El mono solo teme, a que abras la puerta de tu conciencia, a que lo descubras. Ese es su talón de Aquiles. Si no lo muestras a la luz de tu conciencia, seguirás reviviéndolo una y otra vez. Confróntalo. Recuerda, tú lo has leído muchas veces: Todo lo que se muestra a la luz, se convierte en luz". No le des más energía negativa. Ponle un guardia de seguridad a tus pensamientos. Cuando sientas que te invadan las tribulaciones, trae a tu mente alguna palabra que te recuerde el peligro que puedes enfrentar: Emergencia, alerta roja, SOS, 911 y entonces, inventa una frase que sea fácil de recordar, algo así como: "despierta Chencha, sal de tu mente, no dejes que el mono se te trepe" . . .

Pero lo más importante es que nunca debes olvidar que tu relación conmigo es sagrada. No importa lo que esté pasando a tu alrededor . . . porque todo lo demás, nacerá de tu conciencia de unidad conmigo . . .

No acostumbro a hacer esto que hice contigo, pero como habías perdido toda sintonía, que ni siquiera con "Direct T.V." recibías mi señal. Estás tan inmersa en el mundanal ruido, con todo lo que está pasando, que ya tienes la taza desbordada. Y para colmo te pasas en el "Shopajolic".

¡Ay Señor! es que esa es la única manera que encuentro de tranquilizar un poco al mono.

Pero a veces "es peor el remedio que la enfermedad". Vas a terminar volviendo loco al mono, cuando vea perder tu crédito y cuando vea que los bonos lleguen a categoría "chatarra" . . .

(¡Demonios! ¡Qué digo! Ya me estoy enredando yo también).

Que no te importe lo grande o pequeño que tus retos puedan ser. Responde con pensamientos que reflejen tu fe. Confía en ti, (sabes que cuentas conmigo) porque es en mí en quien descansa la Ley por la cual vives y la que mueve al Universo entero . . .

Chencha abrió los ojos y vio el abanico dando vueltas. Miro á la izquierda, y vio la foto de Fortuño. Á la derecha de este, un poster del Mesias. Luego fijó la mirada en el cuadro del Sagrado Corazón de Jesús, que esta colgado en la pequeña pared frente a la cama, y entonces recordó:

"mei dei, mei dei"
Chencha, tienes que despertar
No dejes que los príncipes,
Te lleven la paz . . .

El bacalao y los panties de Victoria's Secret:

La siguiente vez que vi á Chencha, ya había comenzando el año 2011. Mas bien estábamos casi en la Semana Mayor, para variar, el año empezó violento, con otra masacre y hasta hubo caos en la entrega de regalos del día de Reyes, que este año estuvo a cargo del Departamento de la Familia. Continúan los problemas en la Universidad de Puerto Rico. Parece que las vacas siguen estresadas porque nos aumentaron la leche á $6.00 el galón.

Siguen los casos de fraude. Se "gansearon" hasta el ganso del seguro AFLAC. Más de 500 personas fueron encarceladas en un operativo federal por timar al seguro.

Continúa la corrupción dentro y fuera del Capitolio. Ya van por cuatro legisladores que son expulsados. Comenzó el juicio federal contra uno de los acusados por soborno y llamó la atención el que muchos políticos cerraran su quiosko en el hemiciclo para ir á apoyar al acusado.

Hubo controversias hasta por unos supuestos "proyectos fresitas" de la primera dama. Pero los asuntos que ocuparon las primeras planas de los periódicos en estos días fue el del bacalao impostor y la nueva tienda de Victorias Secret, que próximamente abrirá en Plaza las Américas, y que ya contaba con la aclamación de miles de seguidoras por facebook. Le pedi á Chencha que me pusiera al día en cuanto á estos asuntos, ya que acababa de llegar de un viaje y me tomó por sorpresa.

Me dijo que ese asunto fue ampliamente discutido por el Secretario de Asuntos del Consumidor, biólogos, nutricionistas, políticos etc. "Ya ese bacalao me apesta".

-Pero, que es lo que pasa?(la increpe).

-Lo que sucede es que ya no basta con todo lo que han cogido á este pueblo de pinsuaca, ahora"dice el Secretario del DACO, que nos quieren meter el "Pollock" por el bacalao para cobrarlo al precio del bacalao, y hay que estar alerta. Que son dos cosas diferentes: una, es el bacalao y otra, el pollock.

-No entiendo, Chencha . . .

-Ni yo tampoco, habiendo tantos entuertos en el país, no me voy á preocupar por el bacalao, aunque sea en Semana Santa. No solo de bacalao vive el hombre.

Hablando de la semana mayor, ¿Qué te parece el desbordamiento de la gente en las playas en lugar de la iglesia?

por falta de iglesias no es. Porque en este país hay màs iglesias por milla cuadrada que en cualquier lugar del mundo. Los sacerdotes y ministros deben cerrar las iglesias e irse a predicar a las playas como hacía Cristo, pero no me imagino con esas sotanas metidos en la arena. Aunque total, no es necesario, porque hoy día hasta eso lo resuelven por celular. Hay gente que tiene la Biblia en el "aifon", mensajes de textos bíblicos, las siete palabras. Y las escuchan mientras se dan el palo de ron en la playa y juegan domino, ¡Jesús manifica! Hasta escuche decir que podrán confesarse los pecados accediendo á su celular. Me imagino la oferta: Envía tu mensaje a confesiones y recibirás la absolución de tus pecados, a solo $1.99 por cada uno. Vivimos conectados a la tecnología, que no es malo, pero nos desconectamos cada vez mas de nuestra red espiritual interna.

Por otro lado, parece que muchas mujeres en la isla, ya han encontrado su mundo interior en la nueva tienda de Victoria's Secret, aunque cada cual lo encuentra donde más lindo se lo vendan . . . por mi parte, yo sigo comprando las pantaletas en el 5 y 10 de Río Piedras.

Porque para mi esos encajes lo que le dan á uno es piquiña y ni se diga del hilito ese que se le mete á uno entre las nalgas, que debe ser muy molestoso cuando una tiene hemorroides.

Me reí de lo lindo con Chencha, pero ya era hora de irme, cuando Me acordé de Vitorino y le pregunté por él. Me dijo que se había ido para Ponce a pasar una temporada con una de sus hijas. Así que su sueño de tener una boda real como la del Príncipe William y kate, se volvió sal y agua.

-¿Seguirás buscando el príncipe encantado?

-No, ya dejé de creer en ellos, porque al final siempre se convierten en sapos verrugosos.

Fin